人生をひらく
未来方程式

吉田随貞

Yoshida Zuitei

たま出版

まえがき：アガスティアの葉との出会い

皆さんはアガスティアの葉をご存知ですか？　いまから約五千年前にインドの聖者アガスティアによって遺された個人に関する予言書のことです。

一般に予言というと、世界全体の行く末とか、スケールの大きいことを想像しますよね。しかし、世界には何十億というたくさんの人が暮らしているのに、いちいち個人に対して、しかも何千年も前に予言などするものでしょうか？　このような疑問を持つのは私だけではないと思います。私も、三十代前半のときに十五名くらいのツアーで実際に南インドへ行って、自分自身について書かれているアガスティアの葉を見つけるまでは、半信半疑でした。

聖者アガスティアは医者のような役割も担っていて、処方箋を出したりしていました。私が考えるに、アガスティアの葉は現代に生きる我々への人生の処方箋のようなものではないでしょうか。

聖者アガスティアは今でも私たちの意識のかなり深い部分、いわゆる〝真我〟と呼ばれるところに語りかけているのですが、現在のお金中心の世の中にあって、私たちの肝心の真我は曇ってしまい、その声が聞こえません。真我というまるで水晶のように美しい心が、塵や埃にまみれて曇っているのです。そこで、聖者アガスティアは、ヤシの葉に各個人に対する予言を記し、後の世に訪れる人たちに貴重なアドバイスをしてくれているわけです。

私がインドへ行ったころは、アガスティアの葉を扱うアガスティアの館が四十軒ほどありました。どうしてそんなに多いのかというと、アガスティアの葉は古代タミール語で書かれているため、解読できる専門家が必要となり、専門の職業として成立していて、この職業で多くの人を養えるからです。

原本はひとつですから、他はみなその写しとなり、細かい部分で多少の間違いはあると思います。ですが、予言内容の大筋が間違っていなければそれで十分役に立つでしょう。また、長い年月のあいだに虫食いや痛みが激しくなっているものもあり、何百年に一回かわかりませんが、修復作業も定期的におこなわれているはずです。

ところで、数多くの葉の中からどうやって自分の葉を探すかですが、この検索方法が実にユニークなのです。男性は右手、女性は左手の親指の指紋を採られます。指紋パターンは百八種類に分類されて、パターン別に保管されていますから、同じパターンの候補となる葉を二百束ほど持ってきて、質問にイエス・ノーで答えていき、すべてがイエスの場合、それが本人の葉であると判明するのです。

ここまではインデックス部分です。本文が書いてある葉は、別に奥の倉庫に保管されていて、館の職員が取りに行きます。私の場合は二時間ほどで出てきたので、比較的早い方だといわれました。同じツアーに参加された方で一日探しても見つからない方もいました。ですから、気の短い方でしたらこのツアーには参加できませんね。

アガスティアの葉といわれていますが、実際には木片のようなものに先の鋭い金属などでカリカリと彫ったような形跡があり、糸くずのような古代文字が記されているのです。

そのツアーの後、当時、独身だった私が、アガスティアの葉に書かれていた女性と思われる方と結婚して、予言通りに二人の子供を授かることによって、私が見たアガスティアの葉は偽物ではない、本物だと確信したのでした。

一方、アガスティアの葉の予言の一字一句がすべて完璧に的中したわけでもありません。

いったい、未来はどの程度まであらかじめ決まっていて、どの程度まで本人の自由意思で変えられるものなのか、この本では、多くの方が抱いているこの疑問について、易占を通して具体的に解き明かしていきたいと考えています。

人生をひらく未来方程式 ◎ 目次

1章：易占は当たるのか？

皆さんは、テレビの時代劇などで役者さんが演じる易者を見たことがあるでしょう。易者というと、一番有名なのが高島呑象《たかしまどんしょう》先生ですね。呑象先生の人生は波乱に満ちていて、天からの使命のようなものを持っていると感じます。

実は易にもいろいろと種類があるのですが、周易の易経によって、しかも簡略化された略筮法で占断するのが、今日では習わしとなっています。

私もその方法を使い、さらに事の吉凶をみる方法と、事の成り行きをみる方法とで使い分けています。

お金を払ってまで、わざわざ本格的な占いをしてもらった経験のある方は少ないと思いますが、たとえば、毎朝、出勤前にテレビの占いを気にして、かかさずにチェックするのを日課にしているという方も多いでしょう。あまり気にしすぎて、その日ずっとその占い結果を考えてすごすのもどうかと思いますが、日々、参考にする程度なら良いのではないでしょうか。

ところで、唐突な質問ですが、易経を読んだことがあるという方はどれくらいいるでしょうか。易経は難しくて堅苦しい書物という印象でしょうか。

実は内容を現代の日本語に直せば、誰にでも理解できる類のものなのです。

ひとつだけ具体例を紹介しましょう。易経の六十四卦中唯一、家庭について言及している卦があります。それが〝風火家人《ふうかかじん》〟です。その六種類の爻辞《こうじ》の中の三爻目です。

原典の漢文の日本語訳を、古めかしい表現から現代語風にさらに訳しますと、次の通りになります。

「その家の主人が、家族に対して大きな声で怒鳴るような叱り方はよくない。反省して悔い改めれば、危なっかしいが上手く家庭の平和を保つことができる。逆に、妻や子供と一緒になって節度なく笑いながら話しているようでは、甘やかしすぎてかえって家政が乱れる」

もちろん、紀元前、古代中国の周王朝時代と現代の日本とでは、家庭のありかたもまったく違いますが、父親または夫として家族との程よい距離感をどう保つかの参考にはなると思います。

このように、易経は現実社会を生き抜くための指針となる実用書であり、上手に使いこなせばあなたの未来を照らすバイブルとなるものなのです。ですから、当たるも八卦、当たらぬも八卦という次元のものではありません（八卦とは、易の根源である太極より生じる八種類の卦で、乾《けん》・兌《だ》・離《り》・震《しん》・巽《そん》・坎《かん》・艮《ごん》・坤《こん》があります）。

易経は孔子の時代のいわゆる〝五経〟のひとつで、長く教養書として親しまれたものです（ちなみに、他の四経は、詩経・書経・春秋・礼経となります）。もとはといえば中国由来の思想書ですが、漢字を使う文化圏である我々日本人にも、現代を生きる道しるべとして大いに役に立つといえるでしょう。

2章：未来は決まっているのか？

過去・現在・未来という時間軸がありますが、今という瞬間が刻々と変わっていくのも事実です。

では、どうして一年後、二年後の未来があらかじめわかるのでしょうか。

もし、未来があらかじめわかるのなら、未来に起こるべき災難を避けることが可能なのでしょうか。

今、仮にAという暗い未来が待ち受けている人が、占いによってそれを知り、目前の選択を始めに決めていたものとは別にして、AをBという明るい未来に変えてしまったら、本来起こるべきAという暗い未来はどこへ行ってしまったのでしょうか？

パラレル宇宙という考え方によると、まったく同じようでいて微妙に違う、自分とそっくりな人が別の宇宙に生きていて、その人にAという暗い未来が起きてしまう可能性が生じます。

こう考え出すときりがないのでやめますが、とにかく、誰しもが暗い未来を避けて、明るい未来を築きたいと思って日々すごしていることには疑いの余地がありません。

では、その明るい未来を築くために占いを日々の私たちの生活にどう生かしていけばよいのかについて考えてみましょう。

ですがその前に、易占に関わったことがまったくないという方へ向けて、次の3章で、本格的な占断例を読むための心の準備として読解の手引きを書きました。易占の世界に少しずつあなたの思考パターンを慣れさせてくださいね。

3章：占断例読解の手引き

これから、私の占断例が次々に出てきますが、占いに興味がない方や、興味があっても易占特有の専門用語に不慣れな方々は、読んでいる途中で挫折することが十分に考えられます。

そこで、占断例を少しでも読みやすくするために、六十四卦のキャッチフレーズをリストにしました。これを参考に占断例を読まれると多少は楽になるかなと思います。

六十四卦は漢字三~四文字で構成され、二文字目までは八卦で、一文字目が上卦《じょうか》、二文字目が下卦《げか》となっています。八卦を上下に重ねて一つの大成卦《たいせいか》をあらわし、これは六十四種類あります。カード占いに親しんだ方は、六十四種類の占いカードがあると思うとわかりやすいでしょう。この八卦は、乾（天）・兌（沢）・離（火）・震（雷）・巽（風）・坎（水）・艮（山）・坤（地）のいずれかの文字が入ります。

では、リストを見てみましょう。ただし、これはほんの一例です。これを読んで、六十四卦の大まかな抽象的イメージを掴んでください。なお、卦名《かめい》の読み方は、多少違う読み方もあります。たとえば、五十三番目の風山漸を「ふうさんぜん」ではなく、「ふうざんぜん」と読むなどです。

1. 乾為天《けんいてん》：天は高くして広大
2. 坤為地《こんいち》：大地は育てる
3. 水雷屯《すいらいちゅん》：創生の苦斗
4. 山水蒙《さんすいもう》：啓蒙教育のとき
5. 水天需《すいてんじゅ》：雨が来るのを待つ
6. 天水訟《てんすいしょう》：気合わずして左右に別れる
7. 地水師《ちすいし》：危機に臨む管理者
8. 水地比《すいちひ》：北極星、君臣愛親しむ
9. 風天小畜《ふうてんしょうちく》：少しく留められる
10. 天沢履《てんたくり》：虎の尾を踏む危うさ
11. 地天泰《ちてんたい》：天地交流して安泰
12. 天地否《てんちひ》：塞がりて行き詰まりの道
13. 天火同人《てんかどうじん》：志を同じくする

28. 沢風大過《たくふうたいか》：耐え難く棟木たわむ
29. 坎為水《かんいすい》：一難去ってまた一難
30. 離為火《りいか》：輝く炎も無常を示す
31. 沢山咸《たくさんかん》：打てば響く男女の仲
32. 雷風恒《らいふうこう》：恒に変わらぬ道
33. 天山遯《てんざんとん》：隠退・隠遯の道
34. 雷天大壮《らいてんたいそう》：角を長くして己を傷う
35. 火地晋《かちしん》：地上に昇った日輪
36. 地火明夷《ちかめいい》：沈んだ太陽
37. 風火家人《ふうかかじん》：家を守る女房
38. 火沢睽《かたくけい》：背反して応和
39. 水山蹇《すいざんけん》：門前の陥し穴進退きわまる
40. 雷水解《らいすいかい》：雪解けの春寒さを脱す
41. 山沢損《さんたくそん》：与えよ、さらば与えられん

42. 風雷益《ふうらいえき》：益する道

43. 沢天夬《たくてんかい》：剛に過ぎれば災いを招く

44. 天風姤《てんぷうこう》：巡り逢う因果足元にご用心

45. 沢地萃《たくちすい》：集まるにぎわい

46. 地風升《ちふうしょう》：昇り階段あせらずに

47. 沢水困《たくすいこん》：池涸渇して困窮甚だし

48. 水風井《すいふうせい》：養いの井戸

49. 沢火革《たくかかく》：改革・革新の道

50. 火風鼎《かふうてい》：三人寄れば文殊の知恵

51. 震為雷《しんいらい》：雷声盛んなれども形なし

52. 艮為山《ごんいさん》：山上の寺、門を閉ざす

53. 風山漸《ふうさんぜん》：次第に伸びゆく木

54. 雷沢帰妹《らいたくきまい》：押しかけ女房振出しに戻る

55. 雷火豊《らいかほう》：光を増した最後の炎

56. 火山旅《かざんりょ》：洛陽に臨む哀愁の旅路
57. 巽為風《そんいふう》：風の如くに従う
58. 兌為沢《だいたく》：悦びの道
59. 風水渙《ふうすいかん》：何事もこだわりを吹き散らす
60. 水沢節《すいたくせつ》：節度ある道
61. 風沢中孚《ふうたくちゅうふ》：誠意内にあり
62. 雷山小過《らいさんしょうか》：少しく過ぎている
63. 水火既成《すいかきせい》：調って締めくくりなければ後に乱れる
64. 火水未済《かすいびせい》：未完成の弱さと強さ

これらは最後の文字が重要で、三文字目、もしくは三~四文字目がその卦の意味を示します。たとえば、六十四卦の四番目〝山水蒙〟は、一文字目が〝山〟で二文字目が〝水〟です。

三文字目は〝蒙〟ですが、ここでキャッチフレーズを見てください。啓蒙教育のとき、とあります。

これをどのように使うかというと、たとえば、自分の勤める会社に新入社員が入ってきて、自分の部下に配属されたとします。入社して一か月で仕事を覚えられますか？　という問いで占ってみてこの卦が出たら、「まだ啓蒙教育のときなのだから、あせらずにじっくりと仕事を確実に覚えさせよう」という結論になるわけです。

ただ、実践ではこのように都合よく、問いに対して的確な占い結果が出るわけではありません。どう解釈してよいのか意味不明の卦が出ることもありますが、経験をたくさん積めば上手に解釈できるようになります。

どうも現代の日本人は漢字アレルギーの方がいるようで、漢字がたくさん並んだ時点で読みたくなくなる方もいるでしょう。これには少しずつ慣れていただくしかありません。

易占に慣れるために漢和辞典や国語辞典を手元に置いて、三文字目や三〜四文字目の漢字を調べてみることをおすすめします。たとえば、三番目に出てくる水雷屯は、三文字目の〝屯〟を調べると、草木の芽がようやく出た形からたむろする意味となる、と書いてあります。また、十一番目の地天泰は、三文字目の〝泰〟を調べると、やすらか、広くゆったりとしている、と書いてあります。ここから、易経を読んだことがない素人の方でも、卦の意味を推測することができます。もちろん、一～二文字目に意味がないわけではないのですが、そこの解釈を一般の方に求めるのは酷なので、とりあえず卦の三文字目、または三～四文字目の意味を辞書で調べてみましょう。より易占が身近に感じられると思います。

ちなみに、一～二文字目を読もうとするのは、八卦の象意をすべて知っていて、自由自在に応用できなければ大成卦の解釈につながりませんし、八卦の象意を組み合わせる作業は、まるで高度な連想ゲームのようなので、異論はあるでしょうが、私はあまりお勧めしません。

また、易占の達人である高島呑象先生のような、爻辞を中心とした易占となると、六十四卦×六爻辞となり、合計三百八十四種類の爻辞をすべて暗記して、起きた事象に適切に当てはめねばならないので、まさに神業です。爻辞には吉や凶という言葉が頻回に出てくるので、素人がうかつに手を出すとおみくじ占のようになってしまいます。おみくじ占では、易経の深遠なる知恵を十分に活用できているとはいえません。

六十四卦のキャッチフレーズを参考にして、まずは、六十四卦の大雑把なイメージをつかみましょう。

私の方法は、詳しくは次章以降で紹介しますが、爻辞は参考程度で、まずは本卦・変卦の象意を重要視しています。基本的には略筮法《りゃくぜいほう》で実践していますし、卦の象意を考えれば、十分ついてこられる占断例かと思います。

4章：占いを日々の生活に生かすために

どこかでお金を払って占いをしてもらった方はわかると思いますが、占い師から明るい未来を告げられたらルンルン気分で家へ帰り、暗い未来を告げられたなら、自宅の部屋で一人落ち込んでしまう。こういうタイプの方は多いでしょう。

けれども、私の経験からいって、百パーセント完璧な占いなどないし、百パーセントでたらめな占いもありません。すべての占いが当たるわけでもなく、逆にすべて外れるわけでもないのです。

では、世の中に占いは必要ないのでしょうか？　それも違うと思います。よくいわれることですが、よい占い結果が出たら、油断せずに気を引き締めて毎日すごし、悪い占い結果が出たら、必要以上に落ち込まずに、そのような結果をもたらすであろう日ごろの自分の生活態度だとか、言動だとか（たとえば、誰かを傷つけるようなことをいっていないか）を反省してみることです。それがすなわち、占いを日々の生活に生かすということではないでしょうか。

とにかく、占い結果に一喜一憂せずに、上手に自分の生活に生かしていきましょう。

その一つの方法として、ご自分で占いをしてみて、結果を日記帳のように記録してみるのもよいでしょう。いわば、占い日記です。

その記録を何か月後か、一年後かに振り返ってみて、「あのとき、自分の占いによってこのような選択をしてみたが、今、それが正しかったのか、間違っていたのか」を考えるのです。なによりもよくわかると思います。

このとき注意すべきことは、必ず占った日付を記入しておくことです。

占いの方法が易占でなくてもかまいません。易占は難しい方法ですから、もっと簡単に占える方法を書店の占い本コーナーで探すのもよいでしょう。

ここでは、私の占い方法である易占のやり方について説明します。

易占はまず〝問い〟からはじまります。自分が知りたい未来をひとつの〝問い〟として決めてください。その問いかけに対してなんらかの答えが返ってくるという仕組みです。

では、どのようなメカニズムで問いに対する答えが返ってくるのでしょうか。

私の解釈は、占いの神からのお告げというより、自分自身の深い意識が宇宙意識とでも呼ぶべき存在とつながり、そのつながったパイプを通して、未来像が送られてくる、というイメージです。

たとえば、「日ごろから好意を抱いている異性に対して、明日デートに誘いたいが相手は受けてくれるだろうか？」という問いを発すると、それに対して答えが返ってくるのです。

答えを求めるとき、瞑想の習慣がある方は容易にそのテーマに集中できるでしょうが、そうでない方は、深呼吸を十回ほどおこなってみてください。集中できるでしょう。もしかしたら、そのときに具体的なイメージが頭に浮かぶ方もいるでしょう。何回かやっていくうちに慣れてくると思います。

ですから、ふだんからあるテーマについて悩んだり考え続けたりしている方ならば、そのテーマに関しては占いが当たる確率が高くなっている、というのが私の個人的な印象です。なぜなら、そのテーマに対する予備知識がすでにその方の脳内で蓄積されているからです。それらの記憶の断片をジグソーパズルのように組み合わせて、最終的にはその方にとってのベストな選択となるように、もっともよい未来が未来方程式として降りてくるという感じでしょうか。

〝降りてくる〟と表現したのは、私が考える易占のメカニズムとして、どこか別次元に〝未来方程式〟のようなものが存在していて、それが易者の深い意識とつながるときに、地上と別次元とを結ぶパイプを通して降りてくるというイメージだからです。

さらに、私自身の経験からいうと、このパイプは使えば使うほどに流れがよくなる印象です。つまり、五十題占った経験の持ち主よりも、百題占った経験の持ち主のほうが、より未来方程式の降りてくるスピードが速くなって、それだけ易占の的中率が高まることでしょう。

5章：易占の基本用語

では、次に進む前に、基本的な用語を説明しておきましょう。

本卦《ほんか》、変卦《へんか》、之卦《しか》

立筮《りつぜい》（占筮）して得られた卦のことを本卦または得卦《とっか》と呼び、本卦に変爻があれば変じて変卦または之卦となります。

○爻変、爻辞、爻位、変爻、陽爻、陰爻

〝爻〟のつく用語が六つ出てきましたが、爻とは、

①　〝爻〟と同じ発語で、陰と陽が互いに交わって卦ができる。

②　交わって動けば他の卦に変卦する。

ということですから、①でいう陰の爻が陰爻で、陽の爻が陽爻です。②のように、爻が変ずるときは変爻となります。なお、○爻変の○には初・二・三・四・五・上が入り、それぞれ初爻変・二爻変・三爻変・四爻変・五爻変・上爻変と呼びます。一番位の低いのは一爻ではなく初爻と呼び、一番位の高いのは六爻ではなく上爻と呼びます。

また、各爻が下から数えて何番目かの位置を示すのが爻位です。

爻辞は、一卦が以上の六爻から成り、それぞれの爻の意義・性質などをあらわします。

内卦《ないか》（下卦）、外卦《がいか》（上卦）

略筮法だと、一回目の操作で出てきた八卦が下になり、二回目の操作で出てきた八卦が上になり、完成すれば大成卦《たいせいか》（八卦を二つ上下に重ねてできる六十四種類の卦のこと）と

なります。

たとえば、一回目が兌《だ》（沢）で二回目が巽《そん》（風）ならば、大成卦は風沢中孚《ふうたくちゅうふ》となります。

約象互卦

ものごとの質や内容を観る場合に使います。二～四爻でつくる下卦を互卦《ごか》と呼び、三～五爻で作る上卦を約象《やくしょう》と呼んで、新しくできた大成卦を約象互卦と呼びます。

象意

象とは物の形のことで、八卦である乾・兌・離・震・巽・坎・艮・坤は、それぞれ天・沢・火・雷・風・水・山・地という正象（代表的な象）をあらわします。他にも天候・方位・季節・性質・人物・身体・動物・植物・食物・場所・数・性格など、あらゆるものが八卦のどれかに分類できます。

では、いよいよ私の占断例を使って、易占の実際を見ていきましょう。

6章：過去の占断例～その1～

本章では、略筮法での、事の吉凶を観る方法（以下、吉凶占と記す）と、事の成り行きを観る方法（以下、成り行き占と記す）の違いについて説明します。

占うテーマがすぐにでも知りたいことならば、吉凶占が適しています。たとえば、明日、職場の大事な会議でプレゼンテーションをしなければならないが、上手くいくかどうかというテーマの場合は吉凶占が適しています。

一方で、成り行き占はもう少し時間をかけて、その事柄に関する成り行きをじっくり検討したい場合に適しています。たとえば、職場に新入社員が入ってくるが、試用期間三か月の間に職場環境になじめるかどうか、というようなテーマに適しています。

この場合、本卦から変卦を割り出し、本卦が今現在の状態だとすると、変卦は三か月後の状態をあらわしていると観るのが一般的です。ですから、本卦で仮に悪い状態をあらわしていても、変卦が良い状態をあらわしているのなら、その新入社員は三か月のあいだに徐々に職場環境に適応していくと観るべきです。

もし、この会社の上司がこのような占い結果を知らないでいて、しかも気が短かったら、すぐに新入社員に見切りをつけて辞めさせてしまうかもしれません。じっくりと時間をかければ有能な社員に育ったかもしれないのに、会社としても大きな損失を被ることになります。

そう考えると、易占はとても実用的で役に立つものではないでしょうか。

では、私の過去の占断例で具体的に吉凶占と成り行き占を見てみましょう。

問1：サッカーのワールドカップで日本は決勝トーナメントへ進めますか？

（平成十八年一月一日、吉凶占）

答え：本卦は坎為水《かんいすい》の上爻変でした。坎為水は四難卦《しなんか》の一つで運気は最悪です。困難に遭遇する凶運のときでもあります。爻辞からも、心身を労しても困難に耐えきれず願望はまったく成就せず、とあります。

結果は、皆さんご存知の通り、初戦のオーストラリア戦が一対三の逆転負け、二戦目のクロアチア戦が○対○の引き分け、三戦目のブラジル戦が一対四の逆転負けで、二敗一引き分けで予選敗退でした。

問2：大リーグのMチームへ移籍したA捕手は、レギュラーとしてフルシーズン活躍できますか？

（平成十八年一月一日、成り行き占）

答え：本卦は風火家人《ふうかかじん》の三爻変でした。この本卦の〝家人〟をどう解釈するかがポイントです。これは野球のポジションだとキャッチャーということになり、A捕手を示しています。これが変卦して風雷益《ふうらいえき》となるので、文字通りチームにとって〝益〟となる活躍をするわけです。

結果は、A捕手は正捕手として活躍し、バッティングでも三割近く打ちました。後で詳しく述べますが、三爻変の〝三〟という数字に意味があり、この場合は三割打つとか打順が三番であるとかの意味が暗示されています。

さて、ここから次々と占断例を示したいところですが、いくつか注意すべき点を挙げようと思います。

1. あいまいな抽象的な問いかけは避ける。できるだけ、具体的に問いかけをすること。
2. いつまでに目標が達成可能かとか、いつごろに職場環境の変化が起きるかとか、具体的な日時設定をして問いかけること。
3. 同じ内容でも、否定的な問いかけではなく、肯定的な問いかけをする。たとえば「私は○○ができませんか？」ではなく、「私は○○ができるようになりますか？」という表現にすること。
4. 同じテーマで二度占うことは絶対に禁止。はじめに出た結果を疑うことになってしまいます。はじめに出た結果を素直に受け入れることが大事です。

他に、私が学んだ流派の開祖からの注意点がありますので、参考までに紹介しておきます。

5. 飲酒の後に占筮するなかれ。
6. 争いの後に占筮するなかれ。
7. 心が落ち着いていないときに占筮するなかれ。
8. 人ごみの中にあって占筮するなかれ。
9. 怒りたる後に占筮するなかれ。

この中で、5、6、9については論外のことで、説明しなくてもわかると思います。7については、4章で説明したように、問いかけに対する答えを求めるときに、深呼吸したりして心を落ち着ける必要があります。8については理由がわかりにくいかもしれませんが、①自己を偽る②欲が出る③刺激を受けて心乱れる、ということです。①・②についてはおそらくプロの易者に対しての注意点ですから、この本では③が注意すべき主な理由ということになります。

では、注意すべき点を頭に入れて、私の占断例を続けましょう。

吉凶占では、同じ本卦が出たのに爻辞によってまったく結果の意味が違ってくる場合があります。爻辞は初爻から上爻まで爻位によって六種類あり、本卦の下から数えて何番目かで、爻辞ごとに意味が違ってきます。本卦の大きな象意は変わらないのですが、枝葉の部分にあたる爻辞で意味が違ってきます。その占断を二例続けて見ていきましょう。

問3：春の高校野球、B高校は甲子園での初戦に勝てますか？

（平成十六年占断日不明、吉凶占）

答え：本卦は沢地萃《たくちすい》の上爻変。爻辞より転落の兆候あり。願望はまったく成就せず。変爻すると天地否《てんちひ》となり、塞がりて行き詰まりの意味。

結果は〇対九で敗戦。

問4：春の高校野球、C高校は甲子園での初戦に勝てますか？

（平十六年占断日不明、吉凶占）

答え：本卦は同じく沢《たく》地《ち》萃《すい》でしたが、こちらは四爻変です。爻辞より、まず和順をもって適宜に処理し、失敗や過ちを未然に防いで吉。また変爻すると水地比となり、北極星愛親しむという象意です。ここで北極星は超高校級のD投手をあらわします。〝比〟は人が二人並んだ形で、親しみ助け合うことです。北極星のようなD投手をバックが堅守で盛り立てるイメージです。

結果は二対〇でC高校の勝利。しかも、この試合でD投手はノーヒットノーラン達成です。まさに北極星のように輝いていました。

4章で占断日を必ず記入しておくようにとアドバイスしておきながら、この二例に関しては占断の年は記録していても日付がありません。皆さんは必ず〇月〇日まで記入しておくのをお勧めします。

次に成り行き占です。変爻の爻位によって変卦のあらわす時期を示すことが多いのですが、時間間隔が長い場合と短い場合を見てみましょう。

次の問いは、当時私が勤務していた病院の所在地の市長が変わったことによって、提供されるべき土地の入手が困難となり、老朽化した病院の移転新築が危ぶまれていたことからおこないました。前の市長からは土地の提供が約束されていたのですが、新しい市長は病院を新築したければ、自分たちで同じ土地に建て直せと主張してきたのです。そこでわたしは次のように占いました。

問5：病院は移転新築できますか？

（平成十五年五月、成り行き占）

答え：本卦は地雷復《ちらいふく》の二爻変なので、変卦して地沢臨《ちたくりん》となりました。本卦の地雷復はとても良く、一陽来復をあらわして新規のことにはスタートが吉と出ました。

ここで、二爻変を二日後ととるか、二か月後ととるか、どうするか。病院の移転新築という大プロジェクトですから、二年後と考えるのが妥当でしょう。

結果は、二年後ではなく、三年後の平成十八年八月十八日に県知事立会いのもと、病院の代表と市の代表が移転協定書に調印しました。

では、続いて変卦のあらわす時間間隔が短い例を見てみましょう。

問6：通所リハビリを利用されているAさんの麻痺側上肢は、三角巾を外せるくらいに回復しますか？

（平成二十一年八月三十日、成り行き占）

答え：私は当時あるところでリハビリの仕事をしていました。担当していたAさんは片麻痺の方で、麻痺側の肩を保護するために三角巾で吊っていました。本卦は前例と同じく地雷復でしたが、こちらの方は四爻変です。変卦して震為雷《しんいらい》となりました。ここで、回復の期間を四年後ととらえる方は少ないでしょう。四日後では短すぎます。したがって、四か月後と考えるのが妥当でしょう。

結果は、約一か月後に三角巾を外しても問題はなくなり、さらに、二か月後には手すりを麻痺側の手で握れるようになりました。麻痺していない方の手は杖を握って、杖と手すりを使ってより安定して歩けました。占いとしては四か月後が一か月後になったので、少し外したわけですが、予想よりも早く回復したのですから、良い方に外れたわけです。

どうですか、成り行き占の変爻の位置（爻位）で時間間隔を知るのは、そんなに難しくないでしょう。ただし、爻位がいつも時間間隔を教えてくれるとは限らないので、注意してください。あくまでも、いつまでにという意味も含めた問いかけにのみ、その答えとして爻位が時期を教えてくれるのだ、という解釈で、参考までにとどめておくべきです。

ここまでは、易占が的中した例ばかりをご紹介しましたが、次にまったく外れてしまった失敗例から、その原因を勉強してみましょう。

問7：私は今後十年以内に自分のグル（精神的指導者）を求めてインドへ行くことがあり

ますか？

（平成十六年八月二十八日、成り行き占）

答え：本卦は火水未済《かすいびせい》で五爻変なので、変卦は天水訟《てんすいしょう》となりました。ここで、五爻変から安易に、五年後にインドへ行くと考えてはいけません。本卦の象意からも、はじめ乱れるも後に整う、なので、ついそんなふうに考えがちです。ここで気をつけなくてはいけないのは、易占で占う時間間隔として十年はあまりにも長すぎるということです。そんな遠い未来まで、易占で占えるわけではありません。

占えるのは、せいぜい二〜三年が妥当でしょう。また、自分が占った未来が当たっていたのか確かめるにしても、十年のあいだに占ったことすら忘れていることだってあります。まったく恥ずかしい失敗例ですが、皆さんの参考になるかと思い、あえてお見せしました。

続いては、注意点の項目でも挙げた、あいまいで抽象的な問いかけの例です。

問8：今後、私は借金をするのですか？

（平成十五年占断日不明、成り行き占）

答え：本卦は風地観《ふうちかん》の二爻変なので、変卦は風水換《ふうすいかん》となりました。これも占断日を記入し忘れていて申し訳ないです。

さて、そもそもの問いかけが、いついつまでにという具体的な時間設定がありません。ですから、長い人生で借金することがあったとしても、なかったとしても、この問いかけでは本卦が当たっているのかどうか判断できません。変卦の象意から、散財・損失に注意と出ているので、一応、借金しないように贅沢はやめようというメッセージは受け取れます。とにかく、いつまでに借金するのかとか、いくらくらい借金するのかとか、もっと具体的な問いかけをすべきでした。

次に、大いに迷いましたが、中筮法《ちゅうぜいほう》の占断例をご紹介したいと思います。なぜ迷ったかというと、中筮法は手間暇も時間もかかる方法だからです。街角で店を出している易者さんはまずやらないと思います。なぜなら、結果を出すまでにお客様を待たせてしまうからです。では、以下に私の中筮法の占断例を見てみましょう。

問9：サッカーのアジアカップ決勝で日本は勝てますか？　どのような経過になりますか？

（平成十六年八月七日、中筮法）

答え：本卦は水沢節《すいたくせつ》で中卦が坎為水《かんいすい》、之卦は水風井《すいふうせい》となりました。地卦が水天需で人卦が沢地萃《たくちすい》、天卦は火山旅《かざんりょ》です。ここでは、どのようにしてこれら六種類の卦を出したのかの説明は省きます。

　まず、本卦は節度を守りなさいの象意です。この試合は相手が中国で、しかも試合は中国でおこなわれたので、日本は中国人サポーターからの圧倒的な自国への声援に押されました。節度を守ってというのは、この声援のことと考えられます。また、地卦の象意は雨を待つの意味で、日本はひたすら相手側からの罵声に耐えなさい、とこの場合は解釈できます。

　中卦は、試合が前半一対一という苦しい艱難な展開だったことをあらわしています。そして人卦は日本人サポーターが会場の一か所に集められたことをあらわしています。サッカーの試合にありがちな、サポーター同士の暴動を避ける目的があったのかもしれません。

之卦からは、日本がこの試合に勝ってアジアカップという財産を相続したという意味が読み取れます。天卦は、まさに敵陣の真っただ中で勝って帰るわけですから、孤独な旅人を意味する火山旅はピッタリです。

正直にいって、試合が終わってからようやく六種類すべての卦の意味がしっくりきました。試合がはじまるまでは意味不明な卦もありました。特に、地卦・人卦・天卦はわかりにくかったです。なぜなら、本卦・中卦・之卦は外面的なものですが、地卦・人卦・天卦は内面的なものだからです。ですから、占断例として出していいものかどうか、大いに迷ったわけです。

もう一例だけ、中筮法の占断例をご紹介します。こちらは不変卦といって、本卦のみで変卦しないので、中卦・之卦がありません。ただし、地卦・人卦・天卦はあります。

問10：A社のB社長はCというテレビ会社と業務提携できますか？

（平成十七年占断日不明、中筮法）

答え：本卦は雷地予《らいちよ》でした。不変卦で、中卦・之卦はありません。本卦より、表面上は進みたくても難があり、進めない状態と出ました。本卦全体の象意からも、新芽出づるも育て方が大切で、我を張ると〝凶〟となります。地卦は兌為沢《だいたく》で、その象意から口は吉凶の門とあります。B社長の発言が物議を醸すのかもしれません。なにやら不穏な雰囲気です。人卦は水火既成《すいかきせい》なので、すでにことが終わったことを示し、B社長がD社（C社の子会社）の株を買い占めた、すでに買収済であることを示唆していましたが、後始末をきちんと締めくくらないと、努力も水泡に帰する可能性がありました。天卦は火風鼎《かふうてい》で、これは三本足なら安定するという象意で、A社とC社とD社が協定を結ぶと考えられます。

結果は、平成十七年四月十八日の報道でA社とC社が和解。A社のD社株をC社が買い取り、業務提携が成立したという報道でした。中筮法は最大で六種類の卦が出るので情報量が多いのですが、今回のように本卦が変卦しないので、本卦・地卦・人卦・天卦の四種類だけの場合もあります。情報が少ない分、占いとしてはわかりやすいですね。

今回も占断日が不明なのが反省すべき点です。ですが、当時の世間を騒がせたことを占断しているので、易占をより身近に感じてもらえたら幸いです。

さて、中筮法の説明はこれくらいにして、略筮法にもどります。次は、占い結果に反した行動をとった例です。まえがきでも書きましたが、本人の自由意思で未来は変えられるものなのかというテーマに沿った易占をご紹介します。

私が通所リハビリ施設に勤務していたとき、ある方の徒手でのリハビリを施術中に、ガクンと足関節が背屈してありえない可動域まで動かしてしまったことがありました。このころ私が使っていた方法では、筋緊張が異常に高い方の場合たまにこのようなことが起こり、そのこと自体が問題になることはありません。なのでそのままやり過ごしてしまったのですが、次にその方が来たときに、前回施術した足が内出血していたのです。もちろん、ご自宅でなにかあったのかもしれませんが、私はこの内出血を見た瞬間に、前回の施術でケガをさせてしまったのかなと思ったのです。高齢者は反応が遅いので、後になってからケガが発覚することもあります。私はこのことを職場の長に報告すべきか迷いました。そこで、次のように占いました。

問11：通所リハビリに通っているTさんの足の内出血は、私の治療が引き金となって起きたと、近く明らかになりますか？

（平成二十二年六月十二日、成り行き占）

答え：本卦は風天小畜《ふうてんしょうちく》の上爻変で、変卦すると水天需《すいてんじゅ》となりました。本卦の象意より、少しのあいだは明るみに出ずに留められる、と出ました。変卦より、目の前に危険が控えているので、控えていて、しばらくときを待て、となります。

ですから、占いの結果を信じるなら、じっとしていて黙っていれば、私が責められることもないし、簡単にやりすごせたのかもしれません。けれども、私は良心の呵責に苛まれ、この占いをした二日後に、所属長に正直に報告したのです。つまりは、占いで出た未来に対して、自由意思を貫いたのです。ただ、そのときの所属長の反応が怖ろしく、報告する前日に次のように占っています。

問12：明日、所属長に今回の件を報告するが、所属長はどのような態度をとるのか？

（平成二十二年六月十三日、吉凶占）

答え：本卦は雷風恒《らいふうこう》の二爻変でした。本卦より、いつもと変わらない態度をとる、となります。爻辞は、他に心を移さず本業を守っていれば安泰を得る、とあります。

結果は、別の利用者さんでも似たようなことが起こっており、そのため、すぐには私のせいとは決めつけず、冷静に話を聞いてもらえました。私のほうも、正直にいったことで、胸のつかえが取れてホッとしました。

このTさんですが、レントゲンを撮ったところ骨折もなく、足の内出血は少々時間がかかりましたが、七月上旬ころには治りました。私の治療が原因だったのかは不明ですが、とにかく、占い結果に反して、正直に話してよかったです。

易経には六十一番目に〝風沢中孚《ふうたくちゅうふ》〟という卦があり、私の大好きな卦ですが、象意は至誠天に通ず、今回の件はまさにそんな印象でした。

占いの結果を真摯に受け止めるのも良いのですが、この例のように自分の気持ちを正直に貫くことも大事かと思い、易占例としてご紹介しました。

さて、ここでこの章のはじめに書いておいた注意点九つにもう一つ追加したいことがあります。

10. 短い時間に、異なる二つ以上のテーマで占うことは避ける。少なくとも、一つのテーマで占ったら次のテーマで占うまで三十分以上空けること。

この理由についてですが、物理学の〝場〟という考え方に由来します。

つまり、一回目にあるテーマで占うと、その場所に未来方程式が降りてきて、ひとつのエネルギー場をつくるのです。そのまま続けて、二回目に別のテーマで占おうとすると、そこには先ほどの未来方程式のエネルギーがまだ残っていて、まったく同じ卦が出てしまうことがあるのです。私の経験上では、三十分以上時間を空ければ大丈夫です。ですから、同じ日に二つ以上占いたいテーマがあるときは、それぞれ三十分以上空けて占ってください。

では、次からは、皆さんがお悩みであろうことのトップ三に入ると思われる、お金・健康問題・人間関係の占断例を、テーマ別に見ていきましょう。

お金に関する占断例

問13：我が家でも政府などにより、震災の義援金支給を受けられますか？

（平成二十三年四月十七日、吉凶占）

答え：平成二十三年、つまり二〇一一年三月十一日の東日本大震災で、我が家も大きな被害を受けました。それでこのようなテーマで占ったわけです。

本卦が風天小畜《ふうてんしょうちく》の初爻変《しょこうへん》と出ました。変卦して巽為風《そんいふう》となります。本卦より〝小畜〟ですから、少しだけ蓄えられる、つまり、少しだけ義援金が出ると解釈できます。吉凶占ですが、一応変卦の象意も観ると道がやや開けるとあるので、やはり少額だが支援されると考えます。

結果は、家の修理にかかる費用が百万円を超えた場合は、国から義援金が出ることになり、我が家はこれに該当しました。また、住んでいる市からも国から出る義援金の半額ほどが出ることになりました。実は、家の修理費用はこの国と市から出た義援金の合計額の三十倍以上かかったのですが、少しでも出していただけてありがたかったです。天災ですから命が助かっただけでも十分です。

ちなみにこのときは、津波が我が家の二十メートル手前で止まった（登り坂なのが幸いしました）ので、家が浸水しないですみました。本当に紙一重でした。今でも、なにか大いなるものに生かされていることを思い出しては、残りの人生も大切に生きなくてはいけない、と強く胸に刻む日々です。

では、次のテーマに移りましょう。健康問題です。

健康問題に関する占断例

問14：私の腰は来週のMRI検査でヘルニアが見つかりますか？

（平成二十三年十月十八日、成り行き占）

答え：本卦は水地比《すいちひ》で三爻変なので水山蹇《すいざんけん》となりました。成り行き占ですので、本卦が現在の病状で、変卦が将来の身体の状態と観るのが一般的です。この場合の本卦の意味は正直いってわかりにくいです。ただし、変卦の意味は明白です。変卦の〝蹇〟という漢字でわかるように、足に関係しています。足がなえるという意味で、ヘルニアによる影響を示しています。結果は、ＭＲＩ検査で腰椎の右側に二か所ヘルニアが見つかりました。医師の説明では手術するほどではないとのこと。結局手術しなかったのですが、その後長く後遺症が残っています。

そもそも、なぜ整形外科を受診しようかと思ったかというと、右腰の痛みが出現した時期に、右側のお尻が左側に比べて小さくなっていたのに気がついたからです。ヘルニアの影響で右側のお尻の筋肉が委縮したのでしょう。そうすると、本卦の〝比〟は右側と左側のお尻の大きさの比較という意味だったのかもしれません。座っているときにお尻の厚さが左右で違うのでバランスがとりにくいのですが、右腰の痛みは軽減しているので、普通に歩けているし、良しとしましょう。

最後のテーマに移りましょう。

人間関係に関する占断例

問15：明日、部長へ事故の件を報告すると、かなり厳しく責任を追及されますか？

（平成二十四年九月十一日、成り行き占）

答え：私の占いノートには事故としか書かれておらず、事故の詳細な内容は不明です。おそらく、物理療法で患者様に小さな火傷を負わせたことではないかと記憶しています。誰しも仕事の失敗を上司に報告するときは、恐る恐る報告することになるのではないでしょうか。

本卦は天地否《てんちひ》の四爻変でしたから、変卦すると風地観《ふうちかん》となります。本卦は非常にわかりやすいです。天が上卦にあり、地が下卦にあるので、天は上へ上へと、地は下へ下へと行くイメージです。したがって、上司と部下がどんどん離れるという意味になります。なにしろ〝否〟ですから最悪です。変卦は、物の観方を意味しているので、上司からの叱責をどう受け止めるか、まさに部下である私の今後の働き方次第だということです。

結果は、この報告を良い機会だと考えた上司が、事故の件だけでなく、日ごろの私の仕事ぶりを見て感じていたことを一気に爆発させて、他に三つの件で厳しく注意されました。当時の私は相当へこみました。今は冷静に当時を振り返って、上司の愛のむちを素直に受け止め、自分の良くない点を改善していればよかったと反省しています。マザー・テレサも「愛の反対は憎しみではなく、無関心だ」といっていますからね。

では、気分を変えて応用編といきましょう。実は、易占は未来を占うだけでなく、失くしたものを探すのにも便利なのです。次に紛失物の占断例をご紹介します。

紛失物に関する占断例

問16：Mさんのメガネは、すぐに見つかりますか？

（平成二十七年十月二十三日、成り行き占）

答え：本卦は天山遯《てんざんとん》の初爻変でしたから、変卦すると天火同人《てんかどうじん》となります。紛失物の場合は、変爻が内卦（下卦）にあるときは室内に物があり、外卦（上卦）にあるときは屋外にあるというのが原則です。ですから、この場合は室内で発見される可能性大です。しかも〝すぐに見つかりますか？〟と聞いて初爻変ですから、一か月と考えるのではなく、一週間か一日で見つかると解釈すべきでしょう。本卦の〝遯〟は失くしたメガネをあらわしていて、変卦が〝同人〟ですから、同じ人の元へメガネが返ると観るべきです。

結果は、当時Mさんが通っていた学習塾、つまり、室内で発見されました。しかも、この占いの翌日、つまり一日後に発見されました。

一例だけだと偶然だと思われる方もいらっしゃるかもしれないので、もう一例、占断例をご紹介します。

問17：私が失くした職場のロッカーのカギは、すぐに見つかりますか？

（平成二十八年十二月五日、成り行き占）

答え：本卦は地雷復《ちらいふく》の五爻変でしたから、変卦は水雷屯《すいらいちゅん》となります。この〝復〟を見ただけで安心しました。本卦は病気占だと回復を意味しますが、この場合はカギが私の元に戻ることを意味していて、元の状態が復活すると解釈すべきでしょう。本卦でカギが見つかったことが出るということは、変卦はさらにその後のことを意味しているのかと考えました。

ちなみに結果は、次の日の朝、失くしたカギが車の運転席シートの下に落ちているのを発見しました。消化不良の占断例ですが、五爻変には意味があります。先の問16で説明したように、変爻の位置が五爻なので、外卦に変爻ありですから、屋外で発見されるとなります。車の中を屋外と解釈できるかは微妙ですが、少なくとも室内ではないので、的中している範囲と考えられます。

いかがでしたか？　占いといっても、紛失物の捜索に便利に使えるなんて、意外だったでしょう。

ここからは易占の特殊テクニックをご紹介します。一般の方にはそこまでの知識は不用かもしれませんが、雑学だと思って気楽に読んでください。

問18：原発事故が収束して落ち着くのは、四月ごろまでですか？

（平成二十三年三月十六日、成り行き占）

答え：東日本大震災により発生した福島原発事故がいつ収束するのかを占っています。本卦が雷水解《らいすいかい》の二爻変でしたので、変卦は雷地予《らいちよ》となります。〝雷〟・〝水〟・〝地〟という、震災を暗示するような漢字が並んでいます。本卦より、解決する、収束すると安易に考えがちですし、二爻変だから二か月後か二年後かなと推測しがちです。けれども、変卦が雷地予です。変卦の象意より、あらかじめ警戒を怠ったとあります。すると、珍しく変卦のほうが過去のことを意味していますから、本卦の意味は前述したような意味ではないでしょう。

ここで、特殊テクニックの出番です。将棋ファンの方は、ひふみんを知っていることでしょう。元名人の加藤一二三さんです。加藤さんの必殺技に〝ひふみんアイ〟があります。将棋盤を相手棋士側から見て作戦を練るのです。同じことを易占でもします。本卦を上下逆さまから観るのです。

といっても、上卦と下卦を入れ替えて水雷屯《すいらいちゅん》にするわけではありません。易占には、陽爻をあらわす符号と陰爻をあらわす符号があり、この符号が縦に六つ並ぶのですが、これを上下逆に観るということです。すると、本卦の雷水解《らいすいかい》は水山蹇《すいざんけん》となり、その象意は行き悩むとあります。この場合、反対側というのは事故の収束作業をしている東電側となりますから、つまり、東電にとって原発事故後の収束作業は八方塞がりの大変な作業であると易占に出たのです。

このように、占筮のテーマが相手のあるテーマの場合、本卦を顚倒《てんとう》させて相手の状況や心理状態を観る方法があり、これを〝顚倒法〟といいます。

さて、易占の占断例を読み続けるのは疲れるでしょうから、ここらでコーヒータイムとしましょう。

～コーヒーブレイク～

視点を変えると見え方が異なるのは、将棋や易占に限ったことではありません。

次にご紹介する逸話は、古くからインドにあるお話です。

あるところに賢いマハーラージャがいました。マハーラージャというのは、日本の戦国時代の大名のような存在と思えばよいでしょう。いちいちマハーラージャと書くのも面倒なので、王様とします。この王様には二人の側近がいました。仮に右大臣と左大臣としておきましょう。王様は、自分の国の民が自分のことをどう思っているか気になり、この二人の大臣に国中をまわって王様の評判を調べてくるように命令しました。

戻ってきた二人の大臣はそれぞれ王様に結果を報告しました。右大臣は「王様、国民はみな貴方様のことをお慕いしていて、今の暮らしがあるのは王様のおかげですと、口々に申しておりました」といいます。この報告を聞いて王様はご満悦でした。次に、左大臣が「王様、国民はちっとも王様の良さをわかっていません。あいつらはやれ税金が高いだの、やれ王様ばかり贅沢しているだのと、口々に王様の悪口をいっております」といいます。これを聞いた王様は、一瞬険しい表情を浮かべましたが、考え直しました。

賢い王様の結論はこうです。これは二人の大臣のレンズを通して世の中を見ているので、真実をゆがめている。真実は右にも左にも偏っていない。真実は、この真ん中にあると悟ったのです。

私の解釈では、この右大臣、左大臣は私たちの右目と左目をあらわしており、王様は私たち自身の意識をあらわしているのだと思います。日ごろ、どうしても自分の偏った視点で物事を見てしまい、その結果、誤解して職場や家庭でトラブルを起こしやすいのが凡人のやることです。私も含めて、他者の視点、相手側の視点に立って物事を判断できるといいですね。

以上、コーヒーブレイクでした。少し、疲れが取れましたか？

では、特殊テクニックの続きをご紹介しましょう。先ほどの顚倒法の話に少し似ているのですが、今度は裏卦といって、本卦の陰陽すべて反対にするやり方です。

問19：私は易占で生計を立てられるようになりますか？

（平成十五年占断日不明、吉凶占）

答え：またも日付をきちんと記入しておらず、ずぼらな面が見えてしまいました。皆さんはきちんと日付まで入れておいてください。さて、本卦は雷沢帰妹《らいらくきまい》の上爻変となりました。本卦からも爻辞からも良い結果を示すものはなに一つありません。一応、変卦も観ると火《か》沢睽《たくけい》でしたので、この場合、私が易者を職業とすることは相性が悪いと観るのが普通の解釈でしょう。ここまでで、当時の私は易占を趣味程度にし、職業とすることは諦めました。

結果は、インターネット上にホームページをつくりましたが、まったく客が来なかったので占いは当たっていると思いました。

しかし、もう一度見直して本卦の裏卦をつくると、風山漸《ふうさんぜん》が出ました。象意は確実な成長なので、もし、あのときあきらめずに仕事として易占を続けていれば、少しずつお客さんが得られ、人気の易者になっていたかもしれません。このように、物事には表と裏があり、一見悪く見える卦が出ても、よく観ると良い内容を含んでいることもあるのです。

一例だけだとわかりにくいでしょうから、裏卦についてもう一例ご紹介しましょう。

問20：九月以降、病院職員のリストラはありますか？

（平成十六年占断日不明、成り行き占）

答え：また日付がなくて申し訳ないです。このころ勤めていた病院が累積赤字二億二千万円以上となり、職員のリストラがあるのではと心配していたための占いです。本卦は天水《てんすい》訟《しょう》の五爻変で、変卦は火水未済《かすいびせい》となりました。

本卦は争いの意味ですから、経営側と職員側の対立が予想されます。ちなみに、当時私は労働組合の書記をしていました。変卦からも、人員削減や人員整理がすんでいないと解釈できるでしょう。ここで、裏卦を出してみますと、地火明夷《ちかめいい》ですから、愚かな上司または経営陣が才能ある部下を押さえつけているという意味になりますが、この困難のなかで自分を磨いていけばやがては良い運命が開けてくると解釈できます。

ここでも、裏卦を観なかったら一方的に悲観するだけでした。

では、最後の特殊テクニックのご紹介です。もし、プロの易者さんがこの本を読んでいたら、特殊でもなんでもない、普通のテクニックばかりではないか、という声が聞こえてきそうですが、もう少し我慢してお付き合いください。

約象互卦《やくしょうごか》の説明になります。流派によって多少の違いはあるでしょうが、わたしの学んだ流派では、本卦の二爻〜四爻まででまず下卦をつくり、三爻〜五爻まででで上卦をつくり、完成した大成卦を約象互卦《やくしょうごか》と呼ぶのです。では、次にその例を見てみましょう。

問21：私の腰のヘルニアは、今後六十歳までに悪化することはありますか？

（平成二十六年二月十二日、成り行き占）

答え：この文章を書いているのが令和四年五月ですから、八年前の占断で、かなり先の未来について占っています。その点ではあまり良い占断例とはいえません。さて、気を取り直して本卦を観ていくと、本卦が天雷无妄《てんらいむぼう》の初爻変で、変卦すると天地否《てんちひ》となりました。

〝无妄〟ですから、この腰のヘルニアと上手に付き合って生活していくことを考えるべきです。ただし、変卦が非常に良くないです。すぐに落ち込んでしまいそうですが、約象互《やくしょうご》卦《か》をつくってみましょう。約象互卦は風山漸《ふうさんぜん》と出ました。象意は徐々に進んでいくことですが、おそらく病気が徐々に進行していくと解釈する人は少ないのではないでしょうか。むしろ、徐々に良くなって悪化はしないと解釈する方が自然です。実は私は今ちょうど六十才なのですが、病状は悪化していませんから、変卦よりも約象互卦のほうが当たっていたと思います。

易占の特殊テクニックをご紹介してきました。他にもいろいろなテクニックがありますが、これ以上は混乱するといけないので説明はこのくらいにしておきましょう。

いろいろと易占の専門用語が出てきたので、読むのに疲れたでしょう。次からは、私のもう一つの専門である医療関係の占断例をまとめて紹介します。

7章：過去の占断例〜その2〜

先にも述べましたが、日ごろから慣れているテーマの方が易占の的中確率が高まります。私でいうと、もともとは医療職の人間ですから、病気に関する病占と呼ばれるものが一番の得意分野となるわけです。そこで、ここからは病占のみを集中して紹介したいと思います。

今回特別に病占を選んだのは、易占は中国由来のものなので、漢方医学と相性が良いのです。一般的には、漢方医学の知識を組み合わせて使うのですが、私はリハビリの仕事をしていた関係で、そういった従来の視点とは異なる解釈をしていますので、ここに紹介する価値があると思ったのです。

まず、病占をその内容によって次のように分類し、それぞれ五例ずつ紹介したいと思います。

1. 腰痛（ヘルニア）
2. 目の病気（緑内障）
3. 手術に関すること
4. 生死に関すること
5. ケガに関すること
6. 歩行・転倒
7. 病気の快復・障がいの回復

以上の七分野で占断例を紹介していきます。

では、まず腰痛（ヘルニア）です。これは、すべて私自身に関することです。

問22：私の腰の痛みは一週間以内に治りますか？

（平成十八年九月九日、吉凶占）

答え：この問いはひとつ前の問いの八年前の占いです。いかに長く腰痛に悩まされていたかわかります。この後も、こんな感じで腰痛に関する占いが続きます。

さて、本卦は地火明夷《ちかめいい》の三爻変でした。吉凶占なので爻辞を観ていきます。爻辞より、願望は再三の努力によって成就する。また、病は症状険悪だが回復の望みあり、となりました。一応、変卦も観ますが、地雷復《ちらいふく》ですから説明するまでもなく、回復する意味です。

結果は、一週間経過して、湿布・低周波治療・コルセットなどの再三の努力によって、症状は良い方向に向かいました。完全には治りませんでしたが、少しずつ痛みが取れてきたので、易占の通りでした。

ちなみに、病占でこの卦が出た場合、地火明夷《ちかめいい》の地火を〝地下〟と解釈して、明夷を〝名医〟と解釈しますと、どこかに有名ではないけれど腕のいいお医者さんがいる、その医者にかかったら治ると判断することもありますので、覚えておくと良いでしょう。なんだか駄洒落みたいですが、易占では常識にとらわれない自由な発想も必要と考えています。

問23：今日の右腰痛は、仕事を続けながら三日で治りますか？

（平成二十三年二月七日、成り行き占）

答え：本卦は火風鼎《かふうてい》の二爻変で、変卦すると火山旅《かざんりょ》となりました。本卦は、普通に考えると誰か私のサポートをしてくれる人が職場なり、家庭なりにいて、支えてくれる意味になりますが、実際の生活では思い当たりませんでした。爻辞からは、腰痛の悪化に注意しながら、慎重に仕事と生活をすれば咎めなしとのこと。変卦の意味としては無理して打開するより受け身で対処すべき、となります。

結果は、六日目になってもまだ痛みが続いている状態でした。当時の職業や中年後半の年齢などからして、治りが遅くなってきたのでしょう。

問24：私の腰のヘルニアは悪化して、手術しないといけなくなりますか？

（平成二十三年十月二十五日、成り行き占）

答え：私の腰痛の原因はヘルニアでした。しかも、右側に二か所もありました。本卦は雷《らい》水解《すいかい》の初爻変で、変卦は雷沢帰妹《らいたくきまい》となりました。雷水解が病占で出ましたので、ふつうに解決する、治ると解釈するのが自然でしょう。爻辞より、上長の指示を素直に受けよとあります。この上長が誰を意味しているかが問題です。

このとき、私は整体のＤＶＤを購入して、その通りにセルフマネジメントしていました。五か月後にそれほど病状が悪化していなかったので、割と役に立ったといえます。そこから考えると、上長はこのＤＶＤに登場する整体の先生ということでしょう。変卦の意味は通常の象意からはわかりません。また駄洒落のようで申し訳ないですが、雷沢帰妹《らいたくきまい》の帰妹を〝（手術は）来まい〟つまり、手術にはならないとも解釈できるでしょう。

問25：私の腰のヘルニアによる右脚の障がいは、六十歳になるまで、歩いたり、車を運転したりすることに支障はないか？

（平成二十六年八月三十一日、成り行き占）

答え：問21と似たようなテーマとなっています。本卦は雷水解《らいすいかい》の四爻変で、変卦は地水師《ちすいし》となりました。前回の問24と本卦は同じです。ただし、変爻が違います。問21もこの問25も、かなり先の未来まで占っているので、正確に未来を当てるのは困難です。

さて、本卦は前回と同じなので、爻辞から観ましょう。これまでの治療方法を捨てれば、良友が助けを得て幸いを得る、とあります。

結果は、この占いの二年後に、同業者がやっている整体へ通うようになりました。変卦はふつうには戦いを意味しますが、この同業者は腕がいい方で、私は患者として通うだけでなく、この方の技術を学ぼうと思いました。つまり、変卦にあるように、自分の仕事の〝師匠〟とひそかに考えたのです。これで変卦の意味が解決しました。

問26：私のヘルニアによる腰痛は、家の近くの整体院での治療で完全に治りますか？

（平成二十八年十一月十一日、成り行き占）

答え：先ほども述べたように、私は整体院を見つけて治療を受けました。とても上手な先生でした。

本卦は風雷益《ふうらいえき》の五爻変で、変卦すると山雷頤《さんらいい》となりました。本卦は〝益〟なので、治療してもらうだけでなく、この方の優れた技術を学ばせていただいて、私にも益がありました。

爻辞より、何事でも誠意をもって臨めば、協力者があらわれて願望が成就する、とあります。変卦の意味をどう解釈するか難しいのですが、身体をよく養生してください、ととるのが自然でしょう。

結果は、占断ノートによると、一回治療を受けただけなのでなんともいえない、と書いてありました。慢性の腰痛は完全に治ることはなく、上手に腰痛と付き合いながら、悪化しないように生活できれば十分で、それ以上望むものではないのでしょう。

以上、腰痛に関する占断例を解説しました。

次のテーマに移りましょう。目の病気（緑内障）についての占断例紹介です。

問27：今後、私は緑内障の手術を受けることになるのでしょうか？

（平成三十年十月二十四日、成り行き占）

答え：私の持病は、実は腰痛だけではありません。目も悪くなっていて、緑内障の薬を使っていましたが、とうとう薬による眼圧の管理だけでは難しくなり、手術という選択肢が現実味を帯びてきたのです。そこで、上記のように占ったわけです。

本卦は火風鼎《かふうてい》の二爻変で、変卦すると火山旅《かざんりょ》となりました。火風鼎《かふうてい》ですから、普通に解釈すると医師のサポートが必要となりますが、それだけでは手術が必要なのかどうか判断できません。爻辞を見ると、他からの束縛を受けて力を出しきれないと書いてあります。変卦より落陽に臨む孤独な旅路を意味するので、一人孤独に手術に向かう未来が確定しているようでした。

結果は、翌年の十月二日に手術を受けることになりました。その後の目の状態については、この後の占断例で出てきます。

問28：十一月の眼科受診で眼圧は下がりますか？

（平成三十年十月二十五日、成り行き占）

答え：問27の次の日の占断です。緑内障というのは目の眼圧が異常に高くなる病気で、それによって視野が狭くなってしまうので、進行すると失明の恐れもあります。本卦は天地《てん ち》否《ひ》の上爻変で、変卦が沢地萃《たくちすい》となりました。本卦が天地否《てんちひ》なので、ショックでした。でも上爻変ですから、考えようによっては、この悪い状態をもうすぐ脱するという解釈もできます。爻辞からも、閉塞状況は打開されようとしている、とあります。変卦は普通に解釈すると人や物が集まる意味ですから、いろいろな方の働きかけで（たとえば、眼科クリニックの職員や眼科医師など）良い方向へ向かうと解釈できます。

結果は、占断ノートによると眼圧がとても下がったとあります。具体的な数値が記録されていないのが残念ですが、良い方向に動いたわけです。

問29：仮に緑内障の手術をするとして、右目の視野は回復しますか？

（平成三十年十月二十六日、成り行き占）

答え：実は、目の手術は両目ではなく、右目のみの予定でした。右目の方が特に眼圧が高かったのです。本卦は火山旅《かざんりょ》の五爻変でしたから、変卦は天山遯《てんざんとん》となります。よほど心配だったのか、三日連続で目の病気に関する占断をしています。

本卦はおそらく、手術中・または手術後の入院中の状態でしょう。孤独に一人で耐えている様子です。

念のため、本卦のひとつ前を観てみましょう。これは特殊テクニック紹介でも紹介しなかった方法です。八卦の順序で上卦・下卦のそれぞれひとつ前に戻り、沢水困《たくすいこん》という卦をつくると、その象意から非常に困難な状態だとわかります。これで、本卦は現在ではないことがわかります。

このように、ときとして本卦が現在ではなく未来をあらわし、変卦はさらにその先の未来をあらわすことがあります。

変卦が天山遯《てんざんとん》でしたから、一歩後退という意味です。辻褄が合ってきました。

結果は、手術後二十日以上経過しても眼圧は下がったまま維持しましたが、視野は改善しませんでした。進行性の病気とは恐ろしいものです。

問30：手術を受ければ、右目の眼圧は下がりますか？

（令和元年七月二十三日、成り行き占）

答え：前問の解説で眼圧が下がった事実はもう述べてしまいましたが、解説していきましょう。

本卦は震為雷《しんいらい》の四爻変で地雷復《ちらいふく》となりました。変卦の方が非常にわかりやすいので、逆に変卦から観ると解説するまでもなく、回復するという意味で、眼圧は下がる予想でした。本卦の意味がつかみにくいのですが、一般的な意味で驚くようなことは私の身に起きませんでした。爻辞も、雷は落ちてもう大きな力はない、とあるので、雷が手術だとすると、手術が無事に終わって眼圧を高くしていた原因はもうない、と考えるべきでしょう。

このときの占断ノートには具体的な数値が記録されていて、眼圧二・二だったのが〇・六まで下がったとあります。

問31：次回、二月の受診で私の右目の眼圧は下がりますか？　具体的には、眼圧が二・〇以下の数値になりますか？

（令和二年二月一日、成り行き占）

答え：やはり、問いかけはこのように、かなり具体的な数値を出したほうが、ピンポイントで占えて良いようです。皆さんもそのように心がけてください。

さて、本卦は地雷復《ちらいふく》の五爻変で、変卦は水雷屯《すいらいちゅん》です。本卦は、二月の受診日の目の状態をあらわしていて間違いありません。眼圧は下がっているはずです。爻辞からも、篤実な心で正道に戻る、とあります。変卦の水雷屯《すいらいちゅん》はその先の未来ではなく、逆に過去をあらわしている珍しいケースといえるでしょう。なぜなら、水雷屯《すいらいちゅん》の象意が生まれいずる悩みをあらわしているからです。私の親戚に緑内障で失明している方がいるので、医学的に詳しくはわかりませんが、この病気は多少、遺伝的な要素もあるのではないでしょうか。

結果は、右も左も眼圧が○・六ずつ下がっていました。

以上、目の病気に関する占断例を解説しました。

続いては、三つ目のテーマである手術に関することです。先の目の病気でも手術のことが出たので重複しますが、飽きずについてきてください。

問32：Kさんの左膝は手術しなくても治りますか？

（平成二十三年四月十日、成り行き占）

答え：Kさんは高齢なので、できれば手術は受けたくなかったことでしょう。本卦は地火《ちか》明夷《めいい》の初爻変でした。変卦すると地山謙《ちざんけん》となりました。前にも述べましたように、駄洒落のようですが、本卦の地火明夷《ちかめいい》は地火が〝地下〟に、明夷が〝名医〟がいるので、その名医にかかれば治る、という解釈もできます。爻辞からは、行く先々で非難されるが気にすることはない、とあります。今まで通っていた医者や地域で有名な医者にかかると、診察でプラスな話は聞けないかもしれません。それでもめげずに、どこかに隠れた名医がいるかもしれませんから、あきらめずに探すことが良いのでしょう。変卦からは、謙虚な気持ちで診断結果を聞きましょうとなります。

実は、この方とはその後交流がなく、はたして手術を受けられたのか、また、受けたとすれば術後の経過は良好だったのか不明です。それでも、あえてここに占断例として紹介したのは、皆さんが身近な人の手術に関することを占ったとき、同じような卦が出た場合の判断の参考にするためです。

問33：Tさんは今回の手術を受けた方が良いですか？

（平成二十四年十月七日、吉凶占）

答え：手術を受けるべきかどうか、二択なので、珍しく吉凶占にしてみました。本卦は水《すい》山蹇《ざんけん》の五爻変でした。占いとしてはピンポイントの卦が出たので、きちんと未来方程式が降りてきたのでしょう。

本卦はいうまでもなく足萎え、行き悩みなので、現在の状態をあらわしています。Tさんの手術は下肢の手術でした。爻辞は、大いに苦しむが節度を守っていれば、助けてくれる友があらわれる、とありますから、この〝助けてくれる友〟が、手術してくださるお医者様ということで間違いないでしょう。吉凶占なので、ふつうは変卦は観ません。また、この占断例は、ここまでで充分意味が通じるので、あえて変卦まで観る必要もないでしょう。

結果的に、手術を受けてよかったと考えられますが、それは次の問34の答えでまとめて解説します。

問34：Tさんは、手術に成功して歩けるようになりますか？

（平成二十五年三月四日、成り行き占）

答え：本卦は風火家人《ふうかかじん》の上爻変です。変卦すると水火既成《すいかきせい》となります。まず、手術すると〝家人〟になるようです。つまり、手術が無事に終わって自宅へ帰れるということです。また、変卦は完成美の象意で、万事既になるの意味です。この占断は爻辞まで観る必要もないでしょう。本卦と変卦がすべてを物語っています。

結果は手術前より歩けるようになりました。

問35：Tさんは、首の手術をすれば成功して、手のしびれが取れて物が持てるようになりますか？

（平成二十九年二月六日、成り行き占）

答え：下肢の次は首の手術の心配です。Tさんは長年にわたる介護でかなり骨格が歪み、そのために首も変形していました。

一般に、下肢の手術より首の手術の方が大変なので、より慎重な判断が求められます。

本卦は兌為沢《だいたく》の五爻変でした。変卦すると雷沢帰妹《らいたくきまい》です。本卦の象意からは、手術の是非についての情報が得られません。爻辞を観ると危険に陥ることとあり、となりますから手術はやめたほうがよさそうです。また変卦からも、たびたび駄洒落のようで恐縮ですが、帰妹を〝手術は来まい〟と読み解いて、手術を回避したほうが良さそうです。

この年の三月、Tさんは担当医師に手術は受けない方針を伝えました。結局、手術を受けなかったわけです。この占いが的中しているのかどうかはわかりません。手術を受けなかったために手のしびれは残りましたが、手術によってさらなる後遺症が残ったり、危険な目に合わないようにするという選択も大切だと考えています。

問36：Tさんが首の手術を受けた場合、命の危険はありますか？

（平成二十九年二月十二日、吉凶占）

答え：この占断は文字通り吉か、凶かの二択なので、吉凶占となりました。本卦は雷山小過《らいざんしょうか》の三爻変でした。小過ですから、少し過ぎるという意味です。手術までするのは少しやりすぎるということでしょう。爻辞からも、進みすぎないように塞ぎ止めたほうが良い、とあります。ここは、消極的ですが保存療法の頸椎装具などで首を守って、手術は避けたほうがベターであると判断しました。

ただし、小過の解釈として、Tさんの首は変形していたため、首の骨の亜脱臼が少し進んでいる、だから注意しなさい、という意味にも解釈できたと付け加えておきます。

ここまでで、私自身や特定の方の話ばかりで恐縮ですが、手術に関する占断例を終わります。

四つ目のテーマは生死に関することです。あまり気が進まないテーマですが、もし、ご家族に生死が危うい方がいるなら関心のあるテーマでしょう。

占断例をご紹介する前に、遊魂卦《ゆうこんか》について説明しておきます。

生死を占って次の卦が出た場合、かなり危ういと判断すべきです。

易経の順で紹介すると、①水天需②天水訟③山雷頤④沢風大過⑤火地晋⑥地火明夷⑦風沢中孚⑧雷山小過の八種類です。念のため、一言付け加えますと、あくまでも生死を占ってこれらの卦が出た場合に悪い意味を示すのであって、別のテーマで占ってこれらの卦が出たからといって、必ずしも悪い意味ではありません。誤解のないようにお願いします。

では、占断例を紹介しましょう。

問37：T・Aさんは来年まで命は持ちますか？　来年を生きて迎えられますか？
（平成十六年十二月六日、吉凶占）

答え：私が総合病院に勤務していたころの患者様のことについて占ったものです。重篤な状態だったのでしょう。十二月上旬に占っているのは、病院というのは年中無休ではありますが、さすがに年末年始は人手が足りないこともあり、そういうときに亡くなることがあるので、心配になって占ったのです。

本卦は風火家人《ふうかかじん》の五爻変でした。〝家人〟をどう解釈するかですが、とりあえず遊魂卦《ゆうこんか》ではないので、ちょっと安心しました。五爻変ですから、この占断日から五か月間、命は持つと解釈すべきでしょうか。爻辞からは、ご家族が皆で看病していけば吉である、とあります。

占断ノートには平成十六年内は存命とだけ記してありました。翌年も存命だったのかわかりませんが、数か月は持ちこたえたのでしょう。吉凶占なので、原則として変卦は観ません。

問38：Eさんは、今年中に亡くなることがありますか？

（平成十七年七月六日、吉凶占）

答え：本卦は地山謙《ちざんけん》の三爻変でした。こちらも遊魂卦ではないので、ほっとしました。人の生死を安易に占うとはどういう神経をしているのか、と思われた方もいるでしょう。しかし、もし、あなたに易占の知識・技術があり、近親者が生死の境をさまよっている状況ならば、事前に未来を知りたいという衝動を抑えられないのではないでしょうか。

さて、地山謙《ちざんけん》という地味な象意の卦が出ました。謙虚な姿勢で日々暮らしていけば、すぐに亡くなるようなことはない、と解釈するのが自然でしょう。三爻変ですから、三年後の平成二十年の夏ごろが危ないのかと推測できます。

結果、Eさんは平成二十年の四月にお亡くなりになったので、夏が春になっただけで、ほぼ的中しました。悲しいことに、私が占いをするまでもなく、近親者の死というものは、占わなくてもなんとなくわかってしまうことが多いようです。

問39：通所リハビリを利用されているY・Hさんは今年三月まで生きられますか？　三月まで通所リハビリに通えていますか？

（平成二十二年一月十八日、成り行き占）

答え：本卦は雷沢帰妹《らいたくきまい》の四爻変で、遊魂卦ではありません。変卦は地沢臨《ちたくりん》です。爻辞より、病は長引いて治療が困難な時期とあります。また、本卦は遊魂卦ではないものの帰魂卦《きこんか》といって、病占では良くない意味でした。ただし、変卦が地沢臨《ちたくりん》ですから、上下親しみあう状態をあらわしていて、この方と通所リハビリ職員との交流が続くことを意味していると解釈できます。四爻変から、四か月後の五月中旬ごろ、なんらかの体調の変化があるかと心配しましたが、占断ノートを見ると六月九日の時点で、通所リハビリに通えているとありました。

問40：Y・Hさんは、二月まで生きて通所リハビリに通えていますか？

（平成二十二年一月三十日、成り行き占）

答え：これは典型的なやってはいけないことで、あえて占断例として紹介しました。先ほど問39ですでに結果が出ているのに、また同じテーマで占っています。しかも、こちらの方が後から占っているのに、〝三月まで〟が〝二月まで〟になっています。よほど心配で不安だったのでしょう。皆さんはこのようなことはしないように。

本卦は火風鼎《かふうてい》の初爻変で、変卦すると火天大有《かてんたいゆう》となります。この本卦も遊魂卦ではありません。しかも、帰魂卦でもありません。本卦の意味を、この方には様々な人たちの支えがあって命を継続できていると解釈しました。爻辞からは、旧来の悪弊を一新する必要がある、とあります。今までのケアのやり方では問題があったのでしょうか。変卦からは、大いに有《たも》つ、陽気を保つと解釈でき、継続して通所リハビリに通えているだろうと判断しました。

結果は、前回の問39に書いたとおりです。

問41：Y・Hさんが、一週間以内に亡くなることはありますか？

（平成二十四年六月二十日、成り行き占）

答え：また同じ方を占っています。当時の私が、この利用者様に対して特に思い入れ強かったのが感じられます。本卦は風沢中孚《ふうたくちゅうふ》の二爻変で、変卦すると風雷益《ふうらいえき》となりました。この本卦の一般的な象意は、至誠天に通ずるなので、他のテーマで占った場合は良い結果のことが多いです。ただし、ここで、ついに遊魂卦が出てしまいました。二爻変ですから、二週間後、または二か月後が危ないです。おそらく二年後ではないと思われました。〝一週間以内に〟と聞いているわけですから。

　変卦の意味は不明です。この方の生死に関して、誰もなにも益はありません。ただし、スピード感のある卦なので、もしかして、病状が急変する意味かもしれません。

　結果は、残念なことに約二か月後、八月中旬に天国へ召されました。ご冥福をお祈りします。私がリハビリ担当として関わった方でしたが、少しでも触ると痛がることが多く、なかなか十分にお役に立つことができませんでした。

　本卦も変卦も、一般的な象意ではプラスの印象で、易占の経験の浅い方ですと、たぶん良い意味にしか解釈しないと思われますが、このような人の生き死にを扱うテーマの判断は非常に難しく、私だけでなく多くの方に誤占があると思います。テーマがテーマだけに、慎重の上にも慎重を重ね、あらゆる解釈の可能性をピックアップして、総合的に判断すべきです。

何度もいいますが、生死に関するテーマでの易占は非常に難しいものです。

さて、憂鬱になるようなテーマから気を取り直して、次のテーマに移りましょう。次はケガに関することです。

問42：Oさんは、水曜日の尖足予防対策で足の腱を断裂したり、足を骨折したりなど、重大なケガをしていますか？

（平成二十六年四月十九日、成り行き占）

答え：本卦は雷山《らいさんしょうか》小過の四爻変で、変卦すると地山謙《ちざんけん》となります。Oさんは、当時私が勤務していた通所リハビリの利用者様で、尖足《せんそく》という症状で足が固くなっていて、これ以上症状が進まないように足の底に硬めのクッションを挟んで固定していました。これは私の発案ではなく他の職員のアイデアでしたが、私は無理に足の腱を伸ばすようなやりかたには反対でした。ただ、職場の力関係もあって、私の意見は通りにくい立場でしたから、そのような対策を立てて実施したのです。

本卦は〝小過〟ですから、この対策は少しやりすぎだと解釈できます。爻辞は、咎めはない、ときを待て、とあります。変卦は誰に対しての謙虚さを求めているのかわかりませんでした。もしかすると、自分の意見が正しいと、すぐに理屈をいいたがる当時の私に対してだったかもしれません。

結果は、炎症もなく、腱断裂や骨折もしなかったようですが、占断ノートにはまだ少し痛みの訴えあり、と書かれており、おそらくこの対策を取ったときに、ご本人から痛いと苦情があったのでしょう。それで、リハビリ担当の私はどうにも気の毒に思って占ったのです。とりあえず、大きなケガをしなかったのは良かったです。

問43：通所リハビリを利用されているK・Mさんは、来週、首のヤケドが見つかりますか？

（平成二十六年六月中旬～八月中旬、成り行き占）

答え：これも占断日が不明です。占断ノートの前後の記録からおおよその占断日を推測しました。本卦は山水蒙《さんすいもう》の上爻変でした。変卦すると地水師《ちすいし》となります。おそらく、ホットパックという治療器で温めすぎたのが気になって占ったのでしょう。もし、ヤケドでもさせていたら大変申し訳ないですし、上司からも叱責を受けてしまいます。

さて、この本卦の〝蒙〟とは、いったい誰のことでしょう。治療における注意が不十分な私のことでしょうか。爻辞からは、あまりにも厳格すぎる、とあるので、逆に私が気にしすぎていると諌めているのでしょうか。変卦が地水師《ちすいし》ですと、マイナス思考の私は、ヤケドがもとで、利用者様やその方の住んでいた高齢者住宅の管理者から苦情が入って裁判沙汰になるような悪い妄想をしてしまいます。

結果は、次の週に来られたときに首のあたりを入念に確かめて、なにも異常がありませんでした。ほっとしました。

問44：通所リハビリを利用されているK・Kさんは、ご利用中にまた失神されることがあ

ります か？

（平成二十八年七月一日、成り行き占）

答え：ケガという一連のテーマで占断例を紹介してきましたが、〝失神〟が他のどのテーマにも入らなかったので、ここに入れました。普通はあまり遭遇しないケースではないでしょうか。私は以前、健康センターのお風呂でくつろいでいたときに、お風呂場のドアの前で倒れている方を見かけたことがあります。すぐに職員が駆けつけて対応していましたが、一般の方が遭遇するケースとしては、そんなときぐらいでしょうか。

本卦は火雷噬嗑《からいぜいごう》の五爻変でした。変卦すると天雷无妄《てんらいむぼう》となります。本卦は間《あいだ》になにか邪魔するものがある意味ですから、この方の正常な状態を邪魔するなにかしらの原因があると解釈しました。爻辞からは、一貫して当を得た処置を施せば危ういが吉とありますから、この事件のときの迅速な職員の対応が評価されているのだと考えられます。噬嗑は噛むことに関係しているので、もし、この失神が午後起きた出来事ならば、お昼に食べたものが良くなかったのかもしれないという推測ができます。変卦の象意から、天の摂理に任せなさい、とあるので、これ以上原因追及はせず、状態を日々注意して観察するしかないようでした。
同じ年の七月十九日には元の状態に戻っており（実は失神直後、意識を取り戻してからは、少し錯乱状態だったのです）、だいぶ落ち着いていたので、一過性のもので大事には至りませんでした。

問45：入院患者様のM・Aさんは、私の月曜日・火曜日の個別リハビリが原因でケガをされたのですか？

（令和元年六月二十六日、成り行き占）
答え：易占は過去も占えるという例です。本卦は火風鼎《かふうてい》の三爻変で、変卦すると火水未済《かすいびせい》となりました。過去を占っているので、本卦がいつのことをあらわしているのかが重要になります。むしろ、変卦から逆に観ていったほうが良いでしょう。未来を見る占いではなく過去を見るわけですから、時間の流れをさかのぼるほうが良いわけです。〝未済〟と出ていましたから、なにがすんでいないのか、が重要でした。これは二つ考えられます。一つは、この件はまだケガの原因調査が済んでいないので、後日、真実が判明するのではないかということ。もう一つは、ケガには至っていないがケガをする寸前だった……、未遂事件なんていうと犯罪みたいで嫌ですが、ケガをさせる一歩手前だったということです。
本卦は変卦よりも時間的にもっと前のことですから、日ごろから看護師さんやお医者さんなどと協力して、患者様の情報を共有して、ケガのないように注意しながら仕事を進めている様子をあらわしていると解釈するのが自然でしょう。

問46：入院患者のSさんは、インフルエンザに罹ったのですか？

（令和元年十一月一日、成り行き占）

答え：これも過去を占っています。前回の問いの答えを読まれて、過去を占うやりかたがわかったことと思います。今回も過去へと遡っていきます。
本卦は天山遯《てんざんとん》の三爻変でした。変卦すると天地否《てんちひ》となります。この患者様は熱発されていてリハビリが中止となったため、心配して占ってみたのです。なにしろ、高齢者にとってはインフルエンザといえども、最悪の場合死に至るわけですから。今回も、通常の占いとは時間の流れを逆に、現在から未来へではなくて、現在から過去へという流れになります。ですから、先に変卦を観ていきます。すると〝否〟でしたから、インフルエンザではないよ、ということがすぐにわかります。その前の本卦をどう解釈するか、なにから逃げているのかということですが、これはインフルエンザから逃れたと解釈するのが自然でしょう。一応、爻辞を読むと疲れていて危ういとありますので、なにか別の原因で発熱していたのだと推測できます。

結果は、その後この方の熱は下がりました。占断ノートにはインフルエンザが陰性だったとまでは書いていませんでしたが、おそらく、インフルエンザではなかったのだと考えられます。

ここまで、ケガというテーマに沿って紹介してきました。多少、分類から外れるものもありますが、過去を占うなど、他の占断例を書いた本とは違う独特の病占を読んでいただけたのではと思います。

次は歩行・転倒です。足腰が弱っている方や高齢のご家族を抱えている方には興味あるテーマでしょう。

問47：通所リハビリを利用されているK・Sさんは、再び歩行器を使って歩けるようになりますか？

（平成十八年五月九日、成り行き占）

答え：本卦は雷地予《らいちよ》の四爻変でした。変卦すると坤為地《こんいち》になります。この方は、私の記憶が正しければ転倒してケガをされたか、膝の変形が悪化して歩行困難になったか、そのどちらかだったのですが、どちらにしても本卦は現在のことではなく、過去のことをあらわしているようでした。あらかじめ警戒を怠ったので現在の状態になったという意味にとれます。爻辞より、協力してくれる職員が集まってくれるので疑わずに励みなさい、とのことですから、リハビリの効果を信じて怠けずに練習すれば大いに成果が出るとわかります。変卦の象意が母なる大地を示すので、地味にコツコツ努力すれば、歩行能力の再獲得ができそうです。

結果は、一か月後の六月九日に、ようやく平行棒内での歩行練習を再開できました。

問48：通所リハビリ利用者のK・Kさんは、新しい歩行器を使いこなせますか？　実用できますか？

（平成二十六年三月五日、成り行き占）

答え：おそらく、それまで使っていたシルバーカーでは歩行が不安定になってきたため、ケアマネさんらと話しあって、歩行器を試しに使ってみることになり、このような占いをしたのでしょう。

本卦は沢地萃《たくちすい》の上爻変でした。変卦すると天地否《てんちひ》となります。ですから、結論がもうすでに出ています。変卦が結論です。〝否〟ですから、ダメだということです。一応、本卦からも観てみると、孤立するのはご本人、もしくはリハビリを担当する私かもしれません。爻辞からも、このままでは駄目だと嘆き悲しむとあるので、どうあれ結論は変わりません。

結果は、実用できずに歩行器を業者に返却することになりました。

問49：通所リハビリ利用者のM・Tさんは、月曜日より四点杖での歩行で転倒することはないでしょうか？

（平成二十六年四月十二日、吉凶占）

答え：本卦は地沢臨《ちたくりん》の二爻変でした。大丈夫かどうかを占う吉凶占ですので、基本的に変卦は観ません。ですが、この卦に限っては変卦も意味があるようなので、変卦も判断材料に入れました。これ以前の歩行能力が記録されていないのですが、おそらく車椅子レベルから機能が向上されて、四点杖をリハビリ室で練習され、これを生活場面で実用できるかについて占ったのでしょう。

本卦はこの試みを世に問うているようです。爻辞からは、職員とご本人が目標を一つにして、万事順調に進む様子が出ました。変卦も観てみると、変卦は地雷復《ちらいふく》なので回復を意味しますから、本卦・爻辞・変卦とすべて同様な未来で一致しています。

結果は、一週間経過して順調でした。

いつもこのようにすっきりと的中するといいのですが、そんなに簡単にうまくいく易占ばかりではありません。

問50：入院患者のI・Tさんは、歩行器を貸し出して、転倒せずに安全に使いこなせます

か？

（令和元年三月二十九日、成り行き占）

答え：この方は左半身に軽い片麻痺があったのですが、見た目は健常者と変わらないくらいで、調子が良い日には杖なしで転ばずに短い距離を歩けました。そこで、病棟で見守りがつかない場合でも、念のため歩行器を貸し出して歩いてみてはどうだろう、ということになったのです。

本卦は雷風恒《らいふうこう》の二爻変で、変卦すると雷山小過《らいざんしょうか》となります。本卦は、恒が同じ状態をあらわしますが、歩行器を貸し出せたと考えてもなんの意味かわかりません。

結果から先にいうと、貸し出しの許可が出ず、この計画は実施されませんでした。こういう場合は、占いだけでは意味がわからないことがあります。結果を観てようやく意味がわかる、易者泣かせの占断例です。

変卦の〝小過〟は、歩行器を試すタイミングが少し遅かったのか、早かったのか、どちらかだったのでしょう。もう少し、慎重にリハビリ計画を進めるべきでした。

問51：入院患者のI・Tさんは、来週中に熱が下がって、歩行リハビリを再開することは可能ですか？

（令和三年五月八日、成り行き占）

答え：先ほどの占いと同じ患者様です。風邪でも引いたのか、発熱でリハビリを中止していたときの易占です。

本卦は火風鼎《かふうてい》の上爻変で、変卦すると雷風恒《らいふうこう》となりました。本卦は、看護師さん・お医者さん、ご本人と、私のようなリハビリ担当者、この三者が協力していく様子をあらわしています。爻辞からも、何事も順調にいく、とあります。

変卦は恒で、変わらない、という象意なので、発熱前と同じ歩行レベルまで回復すると解釈するのが自然でしょう。高齢ですが、体力のある方でしたから、良くなると信じていました。

結果は、一週間後の五月十五日に歩行練習を再開できましたから、その前に熱は下がったわけです。

歩行・転倒がテーマの占断例はここまでです。次は七つ目のテーマ、病気の快復・障がいの回復です。

問52：私の風邪、特にのどの症状は今月中に完治しますか？

（平成十九年二月十一日、成り行き占）

答え：本卦は水地比《すいちひ》の二爻変で、変卦すると坎為水《かんいすい》となりました。本卦は遊魂卦《ゆうこんか》ではありませんが、帰魂卦《きこんか》なので、十分気をつけて詳しく観ていきます。

爻辞には特に悪いことは書かれていませんが、なにしろ変卦が良くないです。六十四卦あるなかでの四難卦《しなんか》の一つであり、この卦を引き当てたなら、まず、悪い状況にはまっていると覚えておきましょう。

二月二十六日には充分快復しているように見えましたが、三月二十六日には、なんとインフルエンザに罹っていると診断されてしまいました。いったん風邪が治って体力が弱っているときに、インフルエンザに罹ったのかもしれません。そうだとすると、この変卦が出た時点で未来が決まっていたのでしょうか。二爻変が、二か月後の四月中旬に注意と観えますから、それが半月ほど早くやってきたとも解釈できます。

問53：入院患者様のT・Wさんは、来週には個別リハビリを再開できますか？

（令和元年七月二十五日、成り行き占）

答え：この方はリハビリの拒否の強い方でした。私が担当する前にリハビリの時間になにか嫌なことでもあって、やりたくなかったのかもしれません。無理にやらせるわけにもいかず、このような占いをしてみたのだと思います。結果は、地天泰《ちてんたい》の五爻変で水天需《すいてんじゅ》でした。

本卦は悪くありません。象意が上下和合ですから、リハビリ担当者と患者様とのあいだは良い関係のはずです。爻辞も、謙虚な姿勢で患者様に接すれば慶福が訪れるとあります。ただし、変卦が水天需《すいてんじゅ》なので、すぐにではなくて、患者様のリハビリに対する受け入れ態度を少し待つようになるのでしょう。

結果は、八月末に再開できたので、五爻変が五週間後の再開を意味していたのかもしれません。

問54：私の右肩から右背中にかけての痛みは、今月中には完治しますか？

（平成二十一年九月三十日、成り行き占）

答え：仕事上、体重の重い患者様を車イスへ移乗させたりするとき、気をつけていても、ついつい無理をして体に痛みが生じることがありました。本卦は雷水解《らいすいかい》の初爻変で、変卦すると雷沢帰妹《らいたくきまい》となります。一見すると、良い卦が出ているようにも思えます。本卦から〝解〟ですから、痛みが解ける、軽減すると解釈するのが自然でしょう。爻辞からは、賢者の指導を素直に受けよとあるので、ここでいう賢者はたぶんお医者さんのことでしょう。整形外科医という意味になりますね。変卦は、恋愛を占った場合に出やすい卦ですが、あまり良い意味はありません。また、帰魂卦でもあります。本卦ではないので、それほど気にしなくてもいいと思うのですが、それでも、あまりいい気分にはなれません。

結果は、なんと、四か月後の翌年一月十八日になってもまだ痛みがあると記録されていました。

問55：通所リハビリ利用者様であるTさんの右足は、一週間以内で完治しますか？

（平成二十二年六月十二日、成り行き占）

答え：この方は前章にも登場された方です。もしかしたら、私のリハビリが原因でケガを負わせたのかもと心配になった方です。本卦は天水訟《てんすいしょう》の三爻変でした。変卦すると天風姤《てんぷうこう》となります。本卦に嫌な卦が出てしまいました。

こうなると、このことでご家族に責任を問われて裁判沙汰になるのかと、マイナス思考の強い私はつい悪い空想をしてしまうのです。爻辞からは、恭順を固く守って危ういが吉と出ました。三爻変なので、治るとしても三週間くらいかかると読めます。変卦は思いがけないところで災禍に見舞われることを意味しています。占いの結果はあまり良くありません。

結果はレントゲン写真を撮って、とりあえず骨折などなく、大きな問題はなさそうでした。なお、占断ノートの記録をみると、七月一日に右足の内出血が治ってきたと書いてあります。占断日の三週間後が七月三日ですから、まあまあ、的中している方かもしれません。

次がこの章のラストの占断例です。ラストにふさわしい占断例として、中筮法での病占を選びました。

問56：入院患者様のF・Oさんの病は治りますか？

（平成十七年四月二十一日、中筮法）

答え：長く病気を患っている方の経過を占うには、ある程度の情報量が必要で、略筮法《りゃくぜいほう》では限界があります。本卦は地山謙《ちざんけん》で、中卦はなし、之卦は雷山小過《らいざんしょうか》となりました。地卦が風沢中孚《ふうたくちゅうふ》で、人卦が地水師、天卦は巽為風《そんいふう》です。

前章でも述べましたが、中筮法《ちゅうぜいほう》は複雑で、これらの卦をどのようにして出すのかという本格的な技術解説はこの本の趣旨ではありませんから、申し訳ないですが省きます。また、だいぶ古い記録ですから、私もこの方がどのようなご病気で、どれくらい入院されていた方なのか記憶にありません。前章でも触れましたが、本卦・中卦・之卦が物事の外面的なことを時間経過に沿ってあらわしていて、地卦・人卦・天卦が内面的なことを時間経過に沿ってあらわしています。

ここでは、逆に内面的な方から解説していきます。地卦の風沢中孚《ふうたくちゅうふ》は、ご本人様が倒れてから、スタッフ（おそらく、どこかの通所系サービスを利用中だったのでしょう）や入院先の対応が誠意あるものだったことを示しています。人卦は〝戦い〟を意味していて、ご本人様が病気と必死に戦っている様子をあらわしています。天卦は〝風〟ですから、今後、病状が二転三転しやすく、予断を許さない状況をあらわしています。本卦は、一般的な象意は謙虚さをあらわしますが、ここは病占なので、薄命にして福が少ないと解釈しました。中筮法ではこの占断例のように中卦がない場合もあります。之卦は〝小過〟ですから、何かが少し過ぎるのです。この場合は、治療が少し長引くと解釈するのが自然でしょう。

結果は、二か月後の六月二十九日にいまだデイケアに復帰できていない、と占断ノートの記録にありました。その後どうなったかは不明です。

このように、中筮法では病気の経過を外面的にも内面的にもかなりの情報量で知ることができますが、これだけの卦を出してその意味をすべて完璧に解釈するのは至難の業です。一般の方にはお勧めしませんが、易占の病占でのテクニックとして、このようなやり方もあることをお伝えするために紹介しました。

ここで、易占が的中しなかった場合の原因と対策について考えてみたいと思います。一般的に易占が当たる確率は約六〇パーセントくらいでしょう。熟練すればもっと確率は上がるでしょうが、百パーセントということはありえません。では、的中しない原因はなんでしょうか。

原因1：そもそも、未来方程式そのものが、間違ったものが降りてきている。
この事象の理由として考えられるのは、以下の通り占断者が原因です。
①占断中の集中力が足りない。
②占断中なのに雑念が多い。
③占断中に別の心配事が頭の中にある。
対策：①〜③すべてにいえることですが、たびたびこのような状態になるのなら、なにか、特別に集中できる場所を確保することです。

また、占断前に深呼吸をしたり、短めの瞑想をしてから占断に取り掛かるのが良いと思います。

原因2：解釈が間違っている。

対策：この場合は、未来方程式は正確に降りてきているのに、易占の知識不足や技術が未熟で、解釈の仕方が的を外れている、と考えられます。ですから、たくさんの実践の中で、この占題（占うテーマ、私の本では〝問い〟として扱っています）で、この卦が出た場合にどう解釈するのが正解なのか、正解に至るまでの推論過程に問題はなかったのか、充分に反省して、次の易占のときに生かせるように研究することが大切です。

3章で六十四卦のキャッチフレーズを述べましたが、あれもまた、あくまでもほんの一例です。占うテーマによっては、同じ卦が出てもまったく違う解釈をする場合があります。たくさんある解釈の選択肢から一番適切だと考えられるものを瞬時に判断するには長い年月の経験が必要でしょう。

易占はやればやるほど、奥が深いものです。コツコツ継続していると思いもよらない発見があります。興味を持たれた方は、あきらめずにあせらずに少しずつ続けてみてください。きっと、あなたの生活の一部として役に立つ日が来ると思います。

なお、実際の易占には道具が必要となりますが、プロを目指すのでなければ、筮竹や算木といった本格的な道具を買いそろえる必要はないでしょう。サイコロ・硬貨・トランプなどで代用する方法を紹介した本もありますから、気軽にそれらの代用品ではじめてみてください。

ただし、一度易占に使用した道具は、代用品といえども、それ以外の用途には使用しないでください。私の考えになってしまいますが、代用品とはいえ、その物にはあなたの精神エネルギーが日々凝集されていくと考えられるからです。ふだん易占に使用しないときは、大切に道具箱にしまっておくと良いでしょう。

8章：夢が教えてくれるもの

さて、ここからは精神世界に関する私の軽いエッセイのようなものになっているので、お気軽にお読みください。

皆さんは毎晩、夢を見るほうですか？

毎晩とまではいかなくても、定期的に夢を見る方は多いと思います。その中でも、いつも同じ夢を見る方は不思議に思われていることでしょう。そのことが昼間もずっと気になっているという経験をお持ちの方は少なくないのではと思います。

実は、私も一時ずっと同じ夢を見ていたことがあります。内容は、ある田舎の駅から私が列車に乗って目的地に行くのですが、途中で降りる駅を間違えて乗りすごしてしまい、しかも列車は違う路線に切り替わっていて私のまったく知らない駅で降りる羽目になる、というものです。当然、夢の中の私は途方にくれてしまいます。

この夢はなにを意味していたのでしょうか。

私は、そのころ自分の進むべき道に迷っていました。転職を決意したものの、職場環境に不安があったのです。私の解釈では、この夢は環境が自分に合わず、職場で孤立してしまう状況を示唆したものであり、したがって、転職を控えた方が良いというメッセージだったのではないか、ということです。今、冷静に振り返ってみてもそのように思えるのです。

古くから、こんな夢を見たらこういう意味ですよ、ということが書かれている本はたくさんあります。ですが、私の考えでは、そのようなステレオタイプの決まりきったパターンがあるのではなく、そこから発展させた方が自分なりに夢の解釈ができるのではと考えています。

夢が自分自身の深い意識から出てくるのならば、なおさら他人に解釈できるものではありません。慣れてくれば、ご本人がこの夢はこういう意味ではと解釈できるはずです。そして、それを日常生活に生かせばよいのです。なお、夢は朝起きたらその内容の一部を忘れていることが多いので、寝る前に枕元にペンとノートを置いておいて、夢を見たらすぐに記録できるようにしておくと漏れがなくていいですね。

もちろん例外もあって、他人の夢を天才的に解き明かす人もいました。それが旧約聖書に出てくるヨセフです。彼は兄たちのたくらみによって商人に売り飛ばされ、やがてエジプト王の親衛隊長に奴隷として買われます。ところが、夢の解き明かしが天才的で、この才能によって、やがてはエジプト全土の国務長官にまで出世します。

これは創世記という神話のような旧約聖書の中のお話なので、さすがにこの現代においては、私の知る限りヨセフのように他人の夢を天才的に解き明かす人物はいません。ですから、自分の夢は自分が解明するのが一番です。

それにしても、夢は本当に不思議ですね。

夢に関しては、思い出深い出来事があります。私は三十代前半のころに、当時話題になっていた聖者サイババに会うためにインドへ行き、サイババのアシュラム（帰依者の寝泊りする場所）でフランス国籍の黒人の方と同じ部屋になりました。彼が毎晩寝る前に「良い夢を見てね」と私に向かって声をかけてから就寝するのです。お互い、片言の英語での会話でしたが、相手は本当に雰囲気の良い方で、その部屋には他に二名の外国人の方が居ましたが、そのフランス国籍の黒人の方は一番相性が良く、波長が合う感じでした。今でも貴重な経験だと思っています。

ところで、私がリハビリの治療研究会に所属していたとき、会長がとても特殊な治療方法を考案されまして、その開発秘話がとても面白いので、ご紹介したいと思います。

初代会長で開発者のドクターは、ある日、夢の中でその治療法について書かれた英文の本を読み、翌日、さっそくその治療法を患者さんに試したところ、今までの方法では得られないような劇的な効果が得られたそうです。信じられないような話ですが、なにしろ、そのドクターはふだんから外国語で寝言をいうほどに、語学が堪能なので私は納得できました。ドクターの説明によると、これは神のお告げではなく、長年にわたってさまざまな世界中の文献を読んで勉強したことが、夢の中でまとめられたのではないか、ということです。

案外、科学史の中での世界的な発見も夢の中で起きているのかもしれませんね。

9章：犬や猫は夢を見るのか？

私には二人の娘がいますが、下の娘は猫が大好きで、近所の野良猫がとてもなついています。さて、皆さんは犬や猫が人間と同じように夢を見ると思いますか？

以前、テレビで動物と話ができる特殊能力の持ち主を紹介していました。その方は外国人の女性でしたが、私は、動物と話ができるなんて馬鹿らしいと最初は懐疑的でした。しかし、話ができるといっても、犬語や猫語を理解しているわけではなく、犬や猫がその脳内でイメージしている抽象的な画像を共有するのだと聞いて、なるほど、それなら可能かもしれないなと考えを改めました。

犬や猫の意識の中にダイブして、その中でイメージされている抽象的な画像を読み取るのです。

おそらく、この女性は万物に対する共感性が強く、特に動物の快・不快といった感情を我がことのように感じられる鋭い感性の持ち主なのでしょう。

実はこの感性は、易者をはじめとした占い師の大事な能力の一つではないか、と感じています。相談者の悩み苦しみを我がことのように感じて、それを占い結果に反映させていくのです。

つまり、犬や猫と話をすることは可能であるが、それは話というよりはテレパシーのようなものであるということです。

犬や猫がもし夢を見ることがあったとしても、我々のような夢ではなく、ご主人様との楽しいひとときを回想するようなイメージで、夢の中で犬や猫なりに幸せに浸っているのではないでしょうか。

10章：不思議な体験その1

ずいぶん前、私がまだ三十代のころのことです。研修で青森県まで行ったことがありました。日帰りの研修なので夕方には青森を出る予定だったのですが、たまたま、学生さんもその施設に実習に来ていて、しかも私が行った日は最終日で打ち上げがあるとのことでした。そこで、私も打ち上げに参加する展開となってしまい、遅くまで飲んでいたら予定していた列車に乗り遅れ、目的地まで行けずにある駅で途中下車したのです。

夜遅い時間だったこともあり、その駅で降りたのは私も含めて五名くらいだったでしょうか。なんと、そんな時間でも旅館の客引きらしき人が立っているではないですか。私は早速声をかけ「急ですが今晩泊めてもらえませんか？」と交渉しました。すると「素泊まりなら三千円でいいです」というのです。これ幸いと、その方の案内する場所へついて行きました。

着いた場所はというと旅館ではなく、なにかのお店だったような構えで、ガラス張りで外から丸見えの部屋に、畳が敷いてあるだけでなんとも質素です。一応、上りかまちがあったので、昇って畳の部屋へ行くと六名分くらいの布団が敷いてありました。

私の他に客はいなくてどうにも気持ち悪く、次の日の朝早くにはさっさとその宿を後にしました。今思うと、あれはキツネやタヌキにばかされた昔の人のお話のような、奇妙な体験だったなと思うのです。とりあえず、夜中の途中下車で駅のホームで寝ずにすんだだけ良かったです。

このように、自分が予期せぬ事態でピンチのときに、不思議に助けられることもあるのです。そう考えると、あの客引きはキツネやタヌキなどではなくて、私のピンチにかけつけてくれた天使だったのでしょうか。

ちなみに、このころはまだ易占を学んでいませんでしたから、この不思議は易占のおかげではありませんよ。

11章：不思議な体験その2　神さまのテスト

前章では、私が不思議に助けられた体験を述べました。今度は私が助ける番だった話です。

浮浪者との遭遇その1

私がまだ大学生だったころ、洗濯は当時住んでいたアパート近くのコインランドリーですませていました。その日もランドリーで椅子に座って、洗濯が終わるのを待っていました。すると、正面の道から両手に大きな紙袋を持って、何か月も洗っていないような長い髪の浮浪者がやってきました。

そのランドリーに通じる道は一本道で袋小路になっていました。しかも、最悪なことにその方と目が合ってしまいました。まさに絶体絶命、逃げようがない状況です。そうこうするうちに、その浮浪者の方は、一歩また一歩と私に近づいてきます。彼は私の目の前まで近づくと「ジュースが飲みたいので、百円ください」というのです。そのとき、私は財布を持っていなかったのですが、乾燥機を使うつもりだったこともあり、幸いなことに小銭を少し持っていました。

「百円でいいんですね？」と、私は彼の差し出した左手に自分の持っていた百円硬貨を渡しました。彼は百円を受け取ると、踵《きびす》を返して元来た道をとぼとぼと帰っていきました。恐怖から解放された私はどっと疲れ、これで一安心だと息をつきました。

後になってこの出来事の意味を深く考えました。

これは、もしかして神様のテストなのかもしれない、と。聖者サイババが生前いっていたことを思い出して、神はときとして私の前に浮浪者という姿であらわれ、私がどのような対応を取るか、テストしているのではないだろうかと推察したのです。

もしそうなら、この場合どのような対応を取れば神様の目から見て合格点だったのでしょうか。ただジュース代を与えるだけでなく、引き止めて彼の話を親身になって聞いてあげれば良かったのでしょうか。浮浪者になったいきさつを聞いて励ましの一言でもかければ良かったのでしょうか。いずれにしても、あのときにもっと丁寧な対応を取れば良かったと反省しています。

この体験からだいぶ年月が経ってから、再び同じような体験をするのですが、このときの私には知る由もありませんでした。

浮浪者との遭遇その2

だいぶ年月が経って、私が四十代ごろのことです。

用事があって地元の在来線を利用し、家に帰る途中、あと二駅で最寄りの駅に着くというときに、斜め前のシートに厚いコートを着た浮浪者を見つけたのです。どうしよう、無視しようか、と心の中で思っていると、サーっとどこからともなく中年のおばさんが浮浪者に歩み寄って、持っていたレジ袋をすばやく彼に渡したのでした。レジ袋の中身が少し見えて、どうやらパンが入っているようでした。彼女はそのまま無言で立ち去りました。ちょうど、駅に着いて列車のドアが開いたので、列車から降りて人ごみの中に消えていったのです。

以前のコインランドリーでの私の対応と、彼女の対応には雲泥の差があるように思われました。いうまでもなく彼女の方が優れていて、格好良い対応でした。

大きな違いは、自分から進んでアクションを起こしている点です。相手がまだなにも要求していないのに、こちら側からプレゼントを渡しているのです。彼女の日ごろからの意識が高くなければ、とっさにあのような行動をとれません。そして、彼女はその場を足早に立ち去り、なんの見返りも求めませんでした。

生前の聖者サイババの言葉を借りれば、彼は姿を変えて私の目の前にあらわれた神様だったのでしょう。彼女が示したことが、私にとっての模範回答だったのです。

愛を行動に変えるには勇気が必要です。思いだけがあっても、なかなか、凡人には行動にすぐ移せるものではありません。

この体験と似たような話が新約聖書にもあります。一般に善いサマリア人のたとえといわれているものです。

「あなたの隣人を自分自身のように愛しなさい」と書かれている律法に対して、律法学者が逆に「わたしの隣人とはだれですか」とイエス様に聞き返すのです。その答えが善いサマリア人のたとえ話というわけです。興味を持たれた方は、新約聖書の該当箇所（ルカによる福音書、第十章二十五〜三十七節）を読んでみてください。

皆さんも日々、神様からのテストを受けていると思って、ときには立ち止まって一つひとつの出来事の意味を深く考えてみてください。因果応報、他人に善くした後には、自分にもラッキーなことが起こるかもしれません。ただし、見返りを期待して善行を積むのは本末転倒ですから気をつけましょう。

12章：不思議な体験その3　聖者と波長が合う

先に、私が聖者サイババに会うために南インドへ行った際、帰依者の寝泊りする場所で感じの良いフランス国籍の黒人の方と仲良くなったことを述べました。

サイババは朝と夕方の一日二回、帰依者の前に姿をあらわして祝福してくれたのですが、帰依者は熱い地べたに座ってサイババが登場するのをひたすら待つのです。真夏の南インドの暑さは半端なく、我慢・忍耐という言葉がぴったりでした。座る位置はくじで決まります。しかも、現地の世話人が何人か立っており、自分で好きな世話人の列に並ぶのです。やがて定刻になると、列の先頭の方が世話人が持っている袋から番号の書いてある小さな玉を選び、その番号がその列の番号となります。たとえば、先頭が五番の玉を選んだら、その列は五番目にサイババの登場する会場へと入っていくわけです。なかなか一番に当たることなどないので、いつも後方でたくさんの群集の頭越しにしか、サイババの姿が見られません。私は四回ほどサイババ・ツアーに参加したうち、何回目だったかは覚えていませんが、日本に帰る日の朝、最後のチャンスと列に並ぼうとしたら世話人に別の列に誘導されてしまったことがあります。嫌な感じがしました。自分が選んだ列でくじに外れるのなら納得がいくけれども、他人に指図されて外れるのは後味が悪いでしょう。

仕方なく指示に従ったのですが、すると、どうでしょう。なんと、先頭が一番くじを引いてくれて、幸運なことに一番前の位置で、サイババに直接手紙を渡せたのです。当時、サイババは神の化身だから、あらゆる言語が読めるので、日本語で手紙を書いても思いは通じる、といわれていました。私は願いごとを日本語で二つ書いた手紙を渡しました。

間近で見るサイババは本当に小柄でしたが、あの特徴的なヘアスタイルのせいか、頭だけ大きく見えました。サイババの歩く半径一メートルの空間が蜃気楼のように揺らめいていて、あの特徴的なヘアスタイルの頭の上三十センチくらい上空に、小さくきらきら光る金の粒子のようなものが見えました。なにぶんにも、感動しすぎて興奮していたので、私だけがそのように見えたのかもしれません。

帰りの飛行機の中でも、ツアーに参加した他の人からはそのような話は聞けませんでした。後から冷静に考えると、私の錯覚かもしれません。サイババ・ツアーで一番のくじだったのはこのときだけでした。また、インタビュー・ルームには呼ばれなかったので、少し心残りです。

さて、手紙を渡したときにふと横を見ると、白人の五～六歳くらいの男の子がいて「あれっ、お父さんはどこに行ったの？」と不思議に思いました。お母さんと一緒に来ていたとしても、男性と女性の座る場所は完全に仕切られているため、親子であっても夫婦であっても、サイババに会うときは男女別々の場所にいることになるのです。

このとき、新約聖書の一節が私の脳裏をよぎりました。

「子供たちを来させなさい。わたしのところに来るのを妨げてはならない。天の国はこのような者たちのものである」（マタイによる福音書、第十九章十四節）

なぜこの一節が思い浮かんだのでしょう。

それまでは願いごとばかりが自分の頭の中を占めていたのです。しかし、いざ日本に帰るとなると、サイババに会うためはるばる日本からやってきて、ここまで無事で事故なく来られたことに、感謝の思いが溢れました。まるで少年のような純粋な気持ちになったのです。

ああ、そうか、聖書に書いてある通り、子供のような純粋な気持ちになったからこそ、サイババと波長が合って、一番くじの列に並べたのだなとわかりました。あのとき、世話役の人のいうことを拒んで、意固地になって自分が選んだ列に並んでいたら、サイババに直接手紙を渡せるという幸運には恵まれなかったかもしれません。日本に帰る日の朝に、このような学びを得られて良かった、南インドまで来たかいがあったと思えたツアーでした。

13章：不思議な体験その4　遠くにいても繋がっている

結婚する前の一年間くらい、フォスター・ペアレント計画に参加していました。発展途上国の子供たちを支援する活動です。単に金銭的に支援するだけでなく、手紙を書いて交流するのです。はじめは一か国だけでしたが、次第に増えて最大で五か国の子供たちと交流していたと記憶しています。アジア・南米・アフリカの三大陸の五か国でした。

結婚を機にやめてしまいましたが、思い出深いのはアフリカのある国の子供です。基本的に手紙は英文で書いて、現地のスタッフが現地の言葉に翻訳して渡してくれます。子供が書いた手紙もまた、同じように英語に訳して返してくれるのです。私は当時、中学生程度の英作文しかできず、恥ずかしく思いながら書いていました。でも、手紙はシンプルな内容ですから、それで十分相手に伝わっていたと思います。

支援をやめる決心をまだ伝えていないのに、そのアフリカの子供から手紙が届きました。

彼からの手紙には、お姉さんと一緒に写っている悲しげな表情の彼の写真が同封されていたのです。

まるで、私が支援をやめることを予見しているような表情でした。偶然かもしれません。でも、私はその写真を見て心が痛みました。結婚して、自分自身も子供を持つかもしれないのだから、いつまでも支援を続けられないなと思って決めたことです。ですが私は、いわば保身に走ったのです。結局は自分がかわいい、自分が幸せになりたいのです。世界中の恵まれない子供たちを少しだけ支援している自分自身に酔っていただけなのです。そんな自分の心の奥底を、この子供に見透かされているような気がしました。

あの子は、今、どのような大人に成長しているでしょうか。優しいふりをして、あの日本人は結局自分たちを見捨てたのかと、私のことを悪く思っているのでしょうか。やはり、一時の若い感情のみで一生の支援を続けるのは無理なことで、しっかりとしたビジョンを持って継続的な活動をしてこそ、本当の援助といえるのでしょう。

遠く離れていても、まるで、私のすぐ横に写真の少年が立っているようでした。肉体は物理的に離れていても、見えない運命の糸で繋がっていたのに、その糸を私は自らの意思で切ってしまったのです。

日本人夫婦で、外国のお子さんを引き取って養子として立派に育てている方々には、頭が下がる思いです。血がつながっていない家族ならではの苦労もあると思います。でも、苦労の分だけ、お子さんの成長は想像できないほどの喜びでしょう。そのような家族がどのくらい日本にいるかわかりませんが、どうか幸せになってほしいと思っています。

14章：まわりの環境からのサインを見逃すな

私は理科系大学の出身で数学が好きだったからなのか、普通の人よりも数字に変にこだわりがあります。たとえば、なにか選択に困ることを考えているときに、車を運転していたとして、目の前の車のナンバーが〝○―55〟だったなら、自分が選択しようとしていることを〝GO―GO〟と応援されているような気がして決心がつくのです。

あるいは、〝○7―77〟なら、なんだかとてもラッキーな気分になります。さらには、

〝25－25〟ならば、ニコニコという意味にとって、とても幸せな気分になるのです。これは私だけでしょうか。

さらに、人に親切にした後で、〝○－39〟というナンバーの車を見かけたら、サンキューというお礼をされたように見えて、やっぱり親切にして良かったと思います。

これを偶然と考えるのか、大いなる存在からのメッセージととらえるのかは、人によって意見の分かれるところでしょう。

また、長女が生まれる前のことですが、居間に座っていた私がふと外を見ると、ひらひらと鳥の羽が空から降ってきました。その瞬間、なぜか私は「あっ、コウノトリの羽根だ！　子供が生まれるのだな」と思ったのです。

実際、その後しばらくしてから妻の妊娠が判明しました。外界からの知らせで、貴方にお子さんがもうすぐ生まれますよ、というメッセージだったのでしょう。このときの私のひらめきは確信に満ちたものでした。

もっとわかりやすいサインの例を紹介しましょう。たとえば、新規になにかをはじめようとしたときに、朝から気持ちの良い晴天ならば、なにか良いことが起こりそうだという予感がするでしょう。逆に、朝から土砂降りの雨だと気分が落ち込んで、うまくいかないような弱気になりませんか。もっとも、恵みの雨とか、祝福の雨ということもありますから、そのときその方の置かれた状況や心理状態によって、雨も悪くないと思うときがあるかもしれません。

ところで、中国の気功の達人には、自分の発する気で天気を自在に操れる人がいると聞いたことがあります。実際に見たわけではないので信憑性については保障できませんが、その達人が気を発すると、それまで暗雲が立ち込めていたのに、雲の切れ間から急にお日様が顔を出したり、逆に晴天だったのに急に雨雲があらわれたりするらしいのです。

このことは、人間と自然環境が相互に影響し合っていて、切っても切り離せない関係だ、ということをあらわしています。

クリスチャンの方は新約聖書の中で、イエス様が荒れ狂う湖の波をお叱りになって静められたという奇跡をお読みになったことがあるでしょう（マタイによる福音書、第八章二十四節〜二十七節）。

これが本当の話だとすると、湖の波にも意識があり、イエス様が湖の波とコミュニケーションをとったことになります。はたして、そのようなことが現実に可能なのでしょうか。たとえば、神社などには樹齢何百年という大木がありますね。こうした大木の近くに行って目を閉じると、なんとなく大木の呼吸が感じられることはありませんか。また、そんな大木でなかったとしても、木の枝が風に揺られているのを見て、なんとなく自分に話しかけているように感じたことはないでしょうか。植物だって同じいのちですから、特殊な方法でコミュニケーションをとっても不思議ではありません。

日ごろ自分が誠意をもって接していれば、自分がピンチのときに、周りの自然や動物が助けてくれる可能性が高まるでしょう。人間だけがこの地球で生きているのではないからです。

私たちは常にアンテナを張って、外界からのサインを見逃さないようにしましょう。

15章：すべてを知る必要はない

ここまで読んで下さった方は、自分の未来をある程度まで知ることが可能であることがわかったと思います。しかし、易占ではこちらから問いを投げかけなければ答えが返って来ないので、予期せぬことが起きたらどうしようかという心配をしている人もいるでしょう。確かに、易占では自分に起こるすべての未来を知ることは不可能です。限界があるのです。

私の経験からいっても、自分が占っていないことでビックリするようなことが、身の上に起きることもあります。その顕著な例が東日本大震災です。前もって〝あと一年以内に巨大地震が起きますか?〟というテーマで占っていれば、未来方程式が降りてきて、事前に巨大地震に対する対策が立てられたかもしれません。ですが、私は事前に占っていなかったことを後悔していません。なぜなら、しょせん人間が自分に起きるであろう未来の出来事をすべて知ることは不可能だからです。また、すべてを知るべきではないとも思います。

精神世界の本などでよくいわれることですが、人間がこの世に生まれてきた目的は、物質的肉体をもってつらいことや悲しいことを克服して、魂を浄化させてあの世に帰って行くことだそうです。そのようなことをなんどもなんども生まれ変わって経験していった結果、やがてはお釈迦様やイエス様のような存在になれると信じて生きていくわけです。

皆さんは、旧約聖書に出てくるヨブという人物を知っているでしょうか。ヨブは裕福で、誰もが羨むような幸せな生活をしていたのですが、突然さまざまな災難が次々と起きます。それでもヨブは自分の信仰を曲げることなく、最後にはハッピーエンドで終わるのですが、ここで大事なのは物語の結果ではありません。災難に出会ってもヨブが神様に対する信頼を失わなかったことです。

東日本大震災を経験された方の中には、この世に神も仏もあるものか、と思われた方も多いでしょう。日ごろから信心深い方でも、苦しい状況の中で、自分が信仰している宗教に対する信頼が揺らぐことがあると思います。けれども、そのような方に私はヨブ記の次の言葉を読んでほしいのです。

「われわれは神から幸を受けるのだから、災いもうけるべきではないか」（ヨブ記第二章十節）

とても味わい深い言葉だと思います。ですが、なかなかヨブのような境地に達するのは難しいでしょう。ほとんどの方が、事前に将来起こるであろう災難をできるだけ避けて通りたいと思うのではないでしょうか。

どうすれば災難を避けて通れるのでしょうか。毎日善行を積めば悪い結果を避けて通れるのでしょうか。

先にも少し書きましたが、人間は自然をはじめとした周囲の環境と相互に影響し合って生きていますから、まずは食べ物に感謝することからはじめてみるのがいいのではないかと思います。食後に感謝をあらわす行為として、家族全員で皿洗いをする、これなら明日から簡単にできます。仲良く家族みんなで皿洗いをするのです。案外、楽しいかもしれませんよ。なにしろ、インドのクリシュナという神の化身が、マハーラージャという大名のような存在から宴会に招待されたとき、自分から進んで皿洗いを手伝ったという話が伝わっているくらいです。ご家族そろっての感謝の皿洗い、ぜひ実践してみてください。

食事に感謝するというテーマで次に思い出すのは、私がまだ二十代のころ、長野県のある村で、アルバイトとして高原野菜の生産・出荷作業をお手伝いさせていただいた経験です。

春先は畑に大きな石があるため、荒れ地を整備する作業からはじまって、ビニールハウスの中で野菜の種を選別する作業や、野菜の苗の育成作業、肥料の入った土づくりなど、次々に仕事がありました。夏になるとやっと出荷作業になりますが、台風が長野県を直撃した日に高原の畑で強風に倒されそうになりながら、レタスの詰まった箱をトラックまで運んだこともありました。汗水流して、こんな大変な思いをして野菜が東京や首都圏に出荷されていくんだなあ、と大いに社会勉強になりました。

ですから、我々消費者はせめて食事のときだけでも、苦労して食材をつくってくれた方々に感謝の祈りを捧げましょう。野菜農家さん、牛や豚・鶏のお肉を生産されている農家さん、お魚を採ってくれる漁師さん、またはお魚を養殖されている業者さんのために、短くても良いから食事の前に黙想しましょう。道の駅で購入する野菜には生産者のお名前が入っていたりするので、その方のお名前を心の中で唱えて、その方の幸福を祈りましょう。生産者から私たち消費者へと〝いのち〟のリレーがなされていることを思いましょう。

私たちが普段口に入れる食べ物は、もとはどれも命だったはずです。お肉にしてもお魚にしても、あるいは野菜だって生きていたわけですから。私たちは他の命をいただいて、自分の命を存続させているのです。

そのような意識で食事を摂ることを続けていくと、しだいにより良い人相に変わり、手相だってより良い手相に変わるはずです。

食事に関しては興味深い人たちがいます。世界には不食の人たちが相当数いるのです。不食は断食と異なり、一定期間食べないのではなくて、基本的には一生食べません。そんなことをしたら、すぐに死んでしまうと思うでしょう。ところが、かえって健康になるらしいのです。大気中のプラーナというエネルギーを体内に取り込んで食べる代わりにしているらしいのですが、素人はうかつに手を出せない生活様式です。不食を習慣にすると、性格も穏やかになり、争いごとをほとんどしなくなるそうです。

この不食というのは凡人にできることではないですが、断食だってちょっと無理でしょう。そこでお勧めなのが〝腹八分目〟です。本当に、昔の人は良いことをいいますね。現代の日本ではやたらテレビなどで大食いや大盛り食堂などを取り上げていますが、そもそもが各個人の一度に消化できる食事の量は決まっているはずです。いくらおいしい料理が目の前にあっても、全部を平らげたいというのは悪魔のささやきです。そこは冷静になって、自分の食べられる範囲の量でいかに食事を楽しむかを考えましょう。

大食いの人が大量に食べたものは、短時間では十分に消化できないので、胃や腸といった消化器に入れたままで歩いたりするわけですから、表現は良くないのですが、生ごみを入れた巨大な袋を体内に吊り下げて歩いているようなものです。これはあくまでも私の極端な考えですが、生ゴミですから悪臭が発生するでしょうし、食後あまり時間が経過していなければ、体が重くなって階段の昇り降りなどにも支障をきたすと思います。

それと反対に、以前テレビで連続講座として放送されていた気功などは、熟練者ともなるとなんともいえない良い香りがするそうです。そういう人のまわりには、なにもいわなくても良い香りに誘われて善人が集まってくるのではないでしょうか。類は友を呼ぶの法則です。香水などつけなくても良い香りがするのですから、自分の身を清めるのが先決です。

また、野菜中心のヘルシーな少食にしてみると、身体が軽くなって膝が悪い方などは膝への負担も軽くなり、体のキレもよくなります。ただし、トップアスリートや激しい肉体労働の方は、やはり肉を摂取する必要があると思いますが……。皆さんもこの機会に一度、自分の食生活を見つめなおしてみてください。

日ごろのストレスでやけ食いするような方もいらっしゃるかもしれません。そういう方は別に原因があるので、まずはその根本原因と正面から向き合って、食事以外の方法でストレスの解消方法を見つけるのが先決です。

悪いことだらけのコロナ禍で一つ良いことがありました。黙食といって、静かに目の前の料理に集中して食べる習慣です。こうすると、一つひとつの食材の味がわかって、食事をするってありがたいなあ、となんだかほっこりします。

友人と楽しくおしゃべりしながら食べるのも楽しいけれど、たまには目の前の料理と正面から向き合ってみるのも悪くないですよ。

16章：自由意思は占いに勝る

私が占いの学校で学んでいた若いころ、自分が易者として成功するかどうか占ってみたら、あまり良くない結果でした。このことを当時の易学コースを担当されていた先生に相談すると、「そのような占い結果よりも、貴方が易者として絶対成功するぞという固い決心の方が大事ですよ」と諭されました。しかし、当時の私はまったく納得しませんでした。だって、自分の未来を占って、私は易者に向いてないと自分で烙印を押したようなものですから。

でも、あれから長い年月を過ぎて思うことは、あのときの先生のアドバイスは正しかったな、ということです。

人間には自由意思があります。人からお前はこういう人間だとかいわれても、気にする必要はありません。たとえば、歌手を目指して上京して、売れない日々が続いても、自分は歌手としてきっと成功すると思ったら歌手活動を続けるべきなんです。もちろん、経済的に親に負担をかけないとか、生活費を他にアルバイトなどで稼ぐとかの前提条件のもとでの話です。

そのような固い意志もなく、占いで向いてないと出ただけで辞めてしまうのなら、そこまでなりたいものではないということなのです。あのとき、易学コースを担当されていた先生はそのことを私に伝えたかったのでしょう。

ですから、矛盾しているように聞こえるかもしれませんが、良くない占い結果が出たとしても、自分の自由意思を貫いてください。

好きな異性に告白しようか迷っていて、占い結果が良くなくても、思い切って告白しましょう。結果は神のみぞ知るです。確かに、未来はある程度決まっていると思いますが、もし神がいるのなら、人間に自由意思を与えて選択の余地を残すはずです。思い切ってあなた自身の人生をあなた自身がつくるのです。易占をはじめとした占いは、あなたに少しだけためになるアドバイスをするだけです。そのアドバイスを有効に使ってください。

あなた自身の選んだ選択に幸あれ！

17章：首から下で動け！

占い結果が出ても、まだ今後どうして良いかわからないときもあります。そんなときは、いったん思考を停止して、気分転換に散歩に行くことをお勧めします。

私は田舎に住んでいるので、家から車で五分くらいの近い場所に、林に囲まれた公園があって、良く散歩に行きます。林の中の遊歩道を歩いていると四方八方から小鳥のさえずりが聞こえて、本当にリフレッシュできます。

私は音楽も好きなのですが、小鳥のさえずりは人間が作るどんな音楽よりも美しく、小鳥は歌の天才だと思います。

もし、あなたが都会に住んでいる方ならば、少しでも緑のある都会のオアシス的な場所を探してみてください。下町に住んでいる方ならば、入り組んだ路地裏へ行ってみると、かわいい猫を発見して癒されることもあるでしょう。

川沿いの土手なども散歩コースとして良いですね。風を感じながら河原でキャッチボールをしている少年を見るのもいいでしょう。

中国では、朝早くから公園で輪になって太極拳をやっている光景が見られます。朝から体を動かして、脳に新鮮な空気を送っているのだと思います。

占いなどしていますと、とかく、占いで出た卦の意味を深く考えすぎて、疲れてしまうこともあります。人間がどのような技術を使おうとも、完全に未来を知ることは不可能です。行き詰まったときには、頭を休めて首から下で動くことも大切です。

ずいぶん昔の新聞に、東大の大学院在籍の男女が無理心中をした記事が書かれていました。なんでも、付き合っている二人で、女性の方が男性と同じゼミに進めなかったらしいのです。そんなことで命を落とす必要があるかとびっくりされるでしょう。私も当時その記事を読んで大変ショックを受けました。東大に入るだけでも大変なのに、大学院までいって、それで無理心中する必要がどこにあるのかと思ったのです。もちろん、お二人には我々には推し量れない苦悩があったのでしょう。

けれども、人間という霊長類最高の存在に生まれてきて、日本の最高学府の大学院で学んでいる二人には、ぜひ、生きて社会に貢献して欲しかったです。

つまり、悩んで行き詰まったときには、いったん思考を止めて、首から下で動き生きる、これが大切だということです。

18章：占い師としてもっとも大切なこと

皆さんは他人に関して大いに興味があるでしょうか。

芸能人の私生活に関して書かれている週刊誌の記事を読むのが大好きな方もいらっしゃ

るでしょう。

でも、実はこの世に他人は存在しないといったら、あなたは信じますか。

本屋さんで精神世界コーナーへ行くと、そんな内容が書かれている本を見つけられます。人間には意識があり、精神科医のユングがいうように、すべての人が集合的無意識でつながっているのならば、なんらかの方法で他人の意識とつながり、相手の過去・現在を知ることが可能なのではと考えられるのです。

これが、本来知るはずもない相談者の過去・現在をその場で占い師がいい当てるメカニズムだと、私は考えています。もちろん、私の仮説にすぎません。この感性が鋭い方が、占い師として的中率が高い方なのだと思います。

では、どうすればそのような高い感性を身に着けられるのでしょうか。

それは、日ごろからニュースなどで報道される他人の幸・不幸を、我がことのように喜び悲しむことが大切でしょう。他人事と思わずに、自分の親戚や家族に起きたことのように思い、次に、できるだけ自分自身に起きたこととして真剣に向き合うことです。

インドの聖者サイババの言葉に、「あなたは私であり、私はあなたです」という言葉があります。

たとえば、スポーツ好きな方は、応援しているスポーツ選手の活躍を我がことのようにうれしく思うのではないでしょうか。

戦争や疫病などで苦しむ人類がこれから先の未来で幸福になるためには、一人ひとりの意識が高くなることが重要です。

いささか話が大きくなりすぎたので、占いの話に戻しますが、占い師としてもっとも大切なことは、相談者の未来を完璧に的中させることではなく、その方がより幸せになれるように、占いの技術を使って適切なアドバイスをして、相談者を安心させることだと私は思っています。

私が学んだ流派の開祖も、七つの信条のうち、第二条に「常に光明思想と運命創造の人生観の元に鑑定指導をおこなうこと」と書いています。少し大げさに聞こえるかもしれませんが、迷った人々の暗い道を照らす指導の光が、光明精神に基づく易者道といえるのだと思います。

19章：各種占いをバランスよく利用する

占いには、私が使う易占以外にも、一般に知られているものだけでも手相・人相・姓名判断などがあります。

中でも易占はまず問いからはじまるので、問いかけなければなにも答えは返ってきません。長所もあるけれど、短所もある占い方法といえます。この短所を補うためにも、他の色々な占い方法を用いるべきだと思っています。

易占以外の占い方法を上手にバランスよく使えば、総合的な、穴のない、より確実な未来像をつかめます。

実は私は、易占以外は気学を少しかじった程度で、手相・人相・姓名判断に関しては素人です。ですが、これらの占いも深く学べばかなりの的中率に達すると思われます。掘り下げて学ぶ機会をつくるのも良いと思います。

他にも、タロットや星座占いなど西洋由来の占いがありますが、注意すべき点があります。東洋由来の占いと西洋由来の占いを同じテーマで同時に受けるのはやめた方が良いということです。占いの背景となっている東洋思想と西洋思想が異なるからです。

たとえば、労働に関することでも、東洋では働くことを〝傍（自分の周りの人）〟を〝楽にしてあげる〟から、〝働く〟わけです。これに比べて西洋では、神様の罰として坂道の下から頂上に向かって、大きな石を転がす労働をしている男が、途中で大きな石が下へ落ちてしまい、またはじめからやり直しになるということを、永遠に繰り返すのです。これが西洋人の考える労働です。したがって、神様からの罰ならばなるべく罰が少ない方が良いし、労働時間は少なくて同じ賃金の方が良いという発想になります。

けれども、彼らの無意識の中にこうした価値観があるのなら、労働に関するテーマを同じように占っても、易占とタロットでは違う結果が出るでしょう。結果に関する解釈も違ってくるはずです。ですから、複数の占いを組み合わせる場合は、東洋由来のものだけにするか、西洋由来のものだけにするか、どちらかに統一すべきなのです。

これはあくまでも個人的な意見であって、占い師の中には双方を組み合わせても平気な方がいると思います。やりかたはともかく、おのおの、各種占いをバランス良く、うまく利用することが重要になるということです。

20章：占いとカウンセリングの境界

この章では、占いとカウンセリングの関係について考えてみたいと思います。

もうずいぶん昔のことですが、私の娘が通う小学校で学級崩壊が起こりました。落ち着きのない生徒が授業中なのに教室の外に出るだけでなく、なんと学校の外にまで出てしまい、近所の住人から通報があってやっと先生方が気づくという末期的な状態でした。

何度か保護者と先生方との話し合いの場が設定され、そういう場が苦手な私は妻に任せていたのですが、これで最後の話し合いというときに、しぶしぶ参加することになりました。

先生方は「こんなひどい生徒は今まで見たことがない」と一方的に生徒を悪くいい、保護者は「どうして先生は生徒一人ひとりをしっかり見てくれないのか」と先生方を悪くいい、双方の意見は真っ向から対立しました。そこで、私は勇気を振り絞って「よその学校では専任のカウンセラーが常駐しているところもあるようです。この小学校でも選任のカウンセラーを置いてくれませんか？」と提案しました。

この提案に対して教頭先生の返答は、「近くの中学校と掛け持ちならば可能ですが、常駐というのは学区の関係で無理です」とそっけないものでした。しかし、この後、私の記憶が正しければ二～三か月後に、カウンセラーが小学校に来ることになり、問題を起こす生徒を中心に生徒一人ひとりに対して、カウンセリングをしてくれたのです。娘の話だと、ふだんは先生の話をまったく聞かない生徒も、カウンセラーにはきちんと話をしていて、問題を起こす生徒のあんな姿ははじめて見たと驚いていました。

あのとき、たくさんの保護者や先生方の前で、ためらいながらも手を挙げて発言した自分を褒めたくなりました。小心者の私が勇気を出して提案したのは無駄ではなかったのです。

さて、対面式の一対一での占い、例えば街中の小さな看板を出している占いの館では、占い師はカウンセラーとしての役割もあるように思います。要するに、相談者はなにか悩みごとがあって占いの館を訪れるわけですから、相談者の未来を事細かに正確に的中させることは、それほど重要ではないのです。むしろ、相談者の不安を和らげる言葉をかけ、安心させることの方が重要でしょう。いわば、占いの館は砂漠のオアシスのようなものです。

こういうタイプの占い師は、相手の話をよく聞くこと、いわゆる〝傾聴〟に徹しています。必要以上の情報を相談者に伝えると、かえって不安にさせる恐れもあるからです。ポイントを手短に伝えるだけで、むしろ相談者が自分自身で解決策を見つけられるように誘導することさえあるでしょう。占い師との対面相談を終えた相談者の希望に満ちた表情が見えるようです。未来を言い当てたりしなくても、占い相談のお仕事は大成功です。

長年、対面式の占いの館を営業されている占い師の中には、心理学やカウンセリングを独学で、あるいはスクールで学ばれて、上手に占い相談に応用されている方もいるでしょう。こうしてみてみると、占いとカウンセリングの境界は、きっちりと分けられるものではなく、かなり重なる部分があると思います。

私としては、当たることを強調されている占い師よりは、心理学やカウンセリングを取り入れたタイプの占い師をお勧めします。

21章：マリア様と関わるきっかけ

ここまで読んできて、本文中に聖書からの引用があることに違和感がある方もいると思います。実は、私は易者でありながら、聖書を心の支えとしている者でもあります。ここからは私とマリア様との関係性を紹介したいと思います。少し、占いから離れますが、また易占の話に戻りますので、興味がない方もちょっとだけお付き合いください。

旧約聖書の中では、占いは良く書かれていません。レビ記には「占いをしてはならない」（第十九章二十六節）とあり、また「占い師の元におもむいてはならない」（第十九章三十一節）とあります。ですから、聖書で禁止している占いをすることに対して嫌悪感を抱かれる方もいるでしょう。ですが、私の中では占いの世界も聖書の世界も、矛盾なく共存しているのです。

私とキリスト教との関わりは、幼稚園にまでさかのぼります。地元のカトリック幼稚園に入園して、お祈りをする習慣が身に付きました。クリスチャンでもない両親が、なぜキリスト教系列の幼稚園に私を入園させたのかはいまだに謎です。

園長は幼稚園の母体である教会の神父さんで、外国人の方でした。今でこそ日本でたくさんの外国人の方を見かけますが、当時は東北の片田舎の町で外国人の方を見るのは、本当に珍しいことでした。幼稚園には同じ敷地内に礼拝堂があり、園児は冬の寒い日でも冷たい床に膝立ちでお祈りをさせられていました。

各教室の入ってすぐの柱の上には小さな十字架がかかっていて、磔にされたイエス様を見上げては、幼心にむごい像だなと心を痛めていました。どうして、磔にされた方を拝む必要があるのだろうという素朴な疑問を抱きつつも、素直に大人のいうとおりに従っていた記憶があります。

幼稚園の保育士の先生は皆優しくて、しかも、全員が信者さんらしく、卒園アルバムを開いてみると、礼拝堂で頭から白く透き通ったベールのようなものをかぶって整列している姿が見られます。

この幼稚園での一番の思い出は、なにかのアクシデントが起こり、送迎バスが使えなくなって、職員が車を出して送ってくれたことです。私が乗った車は園長である神父さん自らが運転する車で、とてもラッキーでした。ユニークな神父さんで、冗談をいいながら車中を和ませてくれました。この幼稚園は毎年のように園長が代わっていたので、わたしの代で最後の園長だったと記憶しています。

私たちの代は卒園記念にマリア像を贈呈したのですが、これが私とマリア様とのはじめての関わりになります。どんないきさつでマリア像を贈呈することになったのかは覚えていませんが、当時の日本人の子供としては貴重な経験だったと思います。

やがて小学校に入ると、自宅裏の役場にあった公民館で毎週一回開かれていた、木曜学校と呼ばれる子供向けのキリスト教の集会に参加するようになりました。

近所の教会から外国人のシスターと日本人の若い通訳の女性がやってきて、イエス様にまつわるお話を紙芝居のようにして見せてくれたのです。ここで、生意気な子供だった私はとんでもない質問をシスターにぶつけました。

「地球以外の星や、宇宙人にも、イエス様は救いの手を差しのべているのですか？」

こんな質問です。

私が大人だったら、こんな失礼な質問をする子供は公民館の外につまみ出すでしょう。しかし、このときシスターは、子供の突飛な質問に対しても真摯に受け止めてくれて、驚いたことを鮮明に覚えています。その落ち着き払った様子は、子どもの目には威厳に満ちて見えました。木曜学校には一年ほど通いましたが、その後はキリスト教やマリア様との関係がしばらく途切れてしまいました。

その後、二十歳をすぎたころから、折に触れて個人的に聖書を読むようになりました。有名な聖書の一節に「あなたがたは地の塩である」（マタイによる福音書五章十三節）というのがありますが、二十代後半に長野県の農家に住み込みでアルバイトをしていたころ、この言葉を思い出しては、地を這うようにレタスの苗を植えていました。

この、地の塩という言葉は人によっていろいろな意味に解釈できると思いますが、私は汗水流して働く、という意味で解釈していました。慣れない畑仕事に悪戦苦闘していましたが、長野の大自然に癒されてどんどん健康になっていったのを昨日のように懐かしく思い出します。

さて、その後二十八歳のときにある分野の専門学校に入りました。三年生になると実習のある学校でしたが、留年してもう一年やることになり、その最後の実習地に、なんとマリア像があったのです。

実習中は、毎朝像の前で、心の中で「実習が上手くいきますように」と祈りながら通ったものでした。

幸いなことに、実習指導者は私のようなできの悪い学生を伸ばすことに生きがいを感じているような人で、私との相性も良く、無事に実習を終えることができました。最後の実習地は、敷地内にマリア像があるところで良かったと思っています。

このように、人生の節目節目でなぜかマリア様と関わることになりました。おそらく前世でもマリア様との関わりがあったのに違いないと、自分勝手に思っています。

ちなみに、アガスティアの葉によれば、私の前世は南フランスと北イタリアの国境近く、小さな村の教会の修道士だったらしいです。そのころ、ヨーロッパではペストが大流行していて、私の勤めていた教会の信者さんたちも次々にペストに感染して亡くなり、危険であったため、他の修道士は信者さんたちに近づかないようになりましたが、そのときの私はむしろ信者さんたちに寄り添い、祈りを捧げ、治そうと試み、最後にとうとう自分自身がペストに感染して亡くなったらしいというのです。

前世の私がマリア様のことをどう思っていたかは確かめようもありません。途方もない時間が経過した現代では調べようもありません。ですが、前世の私もマリア様との結びつきが強かったと信じたいのです。ひょっとすると、前前世の私は、イエス様亡きあとトルコに逃げ延びたとされるマリア様の従者で、マリア様の身のまわりのことを世話していたかもしれません。もしそうなら、なんと光栄なことでしょう。

22章：マリア様の家に行く

私は、二十八歳である分野の専門学校に入り、年下の生徒さんと机を並べていましたが、留年してしまい、途方に暮れていたときに一冊の本に出合って救われました。

本の内容は聖者サイババのスピーチをまとめたもので、いわゆる精神世界の本によくあるもの、特に目新しい内容ではありませんでした。しかし、どん底の心理状態だった当時の私にとっては、この本に書かれた言葉の一つひとつが心にしみたのです。いつか聖者サイババに直接会いたい、そんな思いが日に日に増していきました。

そこで、専門学校を一年遅れでなんとか卒業し就職した職場では、比較的長い夏休みを取ることができたので、思い切ってサイババ・ツアーに参加しました。当時、世界中から毎日何千人もの帰依者が南インドにある聖者サイババのアシュラムに集まってきていました。朝と夕方の一日二回、ダルシャンというものがおこなわれ、聖者サイババの姿を直接拝めるわけです。私は一回だけ幸運に恵まれ、一番前で聖者サイババに直接手紙を渡すことができました。

この貴重な体験の後、その余韻が日本に帰ってきてからも残っていて、私の関心は精神的なことへと次第にシフトしていきました。聖者サイババの講話をもっと理解しようと、インド哲学を少し勉強したこともありましたが、私には難解ですぐに挫折してしまいました。

その後、結婚してトルコに新婚旅行に行きました。行先がなぜトルコだったかというと、嘘か本当か、トルコにはマリア様が晩年過ごした家があるのです。もちろん、マリア様の家がかつてあったであろう場所に、後から立て直した家ですが……。私にとっては、はじめてのイスラム文化圏への旅行でした。

実際行ってみると、トルコが政教分離政策の国だからか、事前に感じていたイスラム教文化圏に対する恐れがなくなりました。また、トルコの一般市民の方々が、むしろ日本人に近い感性の持ち主なのではないかと思えました。たとえば、その場の高齢者の方を敬い、席を譲るなどの行為が自然におこなわれていたからです。

さて、マリア様の家ですが、聞くところによると、とある修道女が夢の中でマリア様の家を見て、それを聞いた人が実際にその土地を掘ってみたところ、古い家の破片が見つかり、これが、マリア様が晩年をすごした家ではないかということになり、今では観光地となっているのです。

十字架にかけられて亡くなった、最愛の息子イエス様を見送ったのち、イエス様の数人の弟子を連れてはるばるトルコへ逃げ延び、そして、晩年はそこで静かに暮らしたという伝説です。信憑性は定かではありませんが、信者さんたちが信じているのですから、私はそれでいいと思っています。マリア様の家の周辺の道路は、信者さんたちの寄付によってか、とてもきれいに舗装されていました。小さな可愛い家で、中に入るとたくさんの蝋燭の炎があり、暗くはありましたが幻想的でした。また、訪れたたくさんの信者さんたちのエネルギーに囲まれている感じもしました。

このトルコ旅行の後、私はより身近にマリア様を感じられるようになりました。それまで表面的なお付き合いだった友人が、あるとき、お宅を訪問して一緒にゲームをしたり、一緒に夕ご飯を食べたり、さらには一晩泊めて貰ったとしたら、急に親友になったような気がして、より身近に感じられるのと同じです。きっと、そんな親友にだけはあなたの悩みを打ち明けることができるでしょう。私もマリア様に悩みを相談しやすくなりました。といっても、物いわぬマリア像に一人で話しかけるだけですが……。もし、その姿を人に見られたら、大丈夫かしらあの人、と心配されてしまうでしょう。ですから、誰にも見られない一人きりの時間と場所を確保する必要がありました。

いわば、私にとって姿の見えない心理カウンセラーがマリア様ということです。

ところで、マリア像に祈るという行為は、一部の敬虔なクリスチャンにとっては偶像崇拝にあたりますから、そういう方々からは不快に思われるかもしれません。しかし、私が考える偶像とは、人間の欲望を増幅するものであって、悩みを静かに傾聴してくれるマリア像は偶像にはあたらない、と私は考えるのです。

23章：マリア様は何者なのか？

肝心の聖書におけるマリア様に関する記述は意外と少なく、そこからマリア様の人間像を推測するのは困難です。もしかすると、聖書の中でのマリア様に関する記述は、後世になってなんらかの理由で抜き取られてしまった可能性があるのではないかとも考えられます。また、マリア様に関して書かれた書物が当時あったとしても、発行禁止になっていたり、紛失した可能性もあるでしょう。

聖書の中ではマリア様は名前で呼ばれず、両親とか、母とか、間接的表現で登場する箇所があります。とにかく、処女のままイエス様を産んだ奇跡の女性として描かれていますが、その生涯は謎に包まれています。

聖伝説によれば、マリア様は三歳から十年間も、神殿で神に奉仕する日々をすごしていたらしいのです。こうした聖伝説は、四つの福音書が書かれたころ、キリスト教の共同体でイエス様の少年時代やマリア様の生涯を扱った読み物が続々とあらわれた、その中に載っているものです。

なお、五世紀末にはローマ司祭ゲラシウス一世が、ヤコブ書を含む聖書外典や聖伝説を禁止しています。

歴史的には、四三一年のエペソで開かれた宗教会議でマリア様が正式に神の母として認められるわけですが、私が興味があるのはそのような権威づけではなく、マリア様という存在そのものです。

いったい、今は、どこにいらっしゃるのでしょうか。天国なのでしょうか。

もし、あの世があるのなら、どのような次元にいらっしゃるのでしょうか（あの世は階層構造になっている、という説に基づいての話です）。

もちろん、現在は肉体ではなく、なんらかのエネルギー体でしょう。

そして、今でも人類を暖かく見守ってくれているのでしょう。

世界では、各地で涙を流すマリア像が報告されています。日本で有名なのは秋田県の聖奉仕会のマリア像で、一九七五年～一九八一年までのあいだに百一回も涙を流したそうです。これらの現象の理由について、私なりに仮説を立ててみました。

仮説1：涙はその土地の悲しみのエネルギーの凝集体として集積して、マリア像を通して物質化した。

たとえば、長く戦争が続いたり飢餓でたくさんの方が亡くなったりした地域には、悲しみのエネルギーが集積しやすいと考えられます。秋田の場合、江戸時代に殉教者がかなり多かったという記録もあることから、その壮絶な信仰のエネルギーが凝集して、マリア像の涙という現象を起こしたと考えられます。

仮説2：高次元にいるマリア様が、これからの人類の幾末を心配されて、人類に悔い改めるようにと、実際にメッセージを送られている。

仮説3：実は、マリア様は聖母マリアの方ではなくて、復活されたイエス様に最初に出会うマグダラのマリアのほうで、霊界においても高い地位に存在している彼女が、イエス様の働きの補助的な役割を担い、人類に向けて癒しのエネルギーを降り注いでいる。

三つの仮説を考えてみました。ただし、私は涙を流すマリア像の現場に居合わせたわけではないので、これらの仮説には説得力がないかもしれません。

しかし、物理学では〝場〟という考え方があり、そのような奇跡が起きる現場には、なんらかの不思議な力が働いている可能性が高く、その不思議な力によって周辺に特殊な〝場〟が生じているのは確かでしょう。

誤解を恐れずにいうと、日本人にわかりやすいのは、しめ縄を張って結界をつくって、その中を神聖な場所とすることでしょう。

もし、今後の人生において、私もそのような特殊な〝場〟に足を踏み入れる機会があれば、もっと説得力のある仮説が立てられるかもしれません。今はただ、その日が来るのを楽しみに待つばかりです。

24章：隠れキリシタンとマリア観音

江戸時代の隠れキリシタンたちは、観音様を信仰しているふりをして、実はマリア様を信仰していました。いわゆるマリア観音なるものがあったのです。

観音様は、マリア観音に見られるように一般的には女性のイメージがありますが、もとは男性的なイメージであり、中国で女性的なイメージに変わったようです。もっとも、仏教世界における神的存在なので、中性というのが妥当なとらえ方でしょう。

隠れキリシタンたちがおこなっていたものに「お札様《ふださま》」というものがあります。現代でいえば運勢占いのようなものです。

トランプほどの大きさの札に、簡略化された記号や数字が記されています。これは、元は「ロザリオの十五玄義図」というものらしいです。しかし、旧約聖書では良くないとされていた占いを、隠れキリシタンたちがおこなっていたのは、易者の私には興味深いことです。

人間というものは、日々の暮らしの中で不安を抱えており、この時代の隠れキリシタンなどは、その不安がマックスだったのでしょう。きっと、お札様をおこなって「今日は〝三番札、イエス・キリストの誕生〟のお札が出たから、きっと良い一日になる」と、信じていたのでしょう。緊張が続く隠れキリシタンの唯一の楽しみだったかもしれません。

当時の為政者たちはなぜそこまでキリシタンを弾圧する必要があったのか、疑問に思う方もいるでしょう。発令された伴天連追放令の、発令理由四つの中で私が注目しているのは、宣教師たちの習慣である牛馬の肉食です。私は基本的にはベジタリアンなので、この宣教師たちの肉食の習慣は印象が悪いです。

結局のところ、当時の日本社会の文化・習慣と、宣教師たちが日本に持ち込んだ文化・習慣のあいだで、かなりの軋轢があったことは確かなようです。

さらには江戸時代、岡本大八事件というキリシタンによる贈収賄事件をきっかけにして、キリシタン禁令が出されました。このような歴史的事実を知ると、弾圧された側のキリシタンにもいろいろと問題があったとわかります。

いずれにしても、宗教はその土地の文化や時代とともに、さまざまにそして少しずつ変化してきました。大切なことは、その根底に〝命のいのち〟とでも呼ぶべきものが、流れているか、守られているかということです。

〝命のいのち〟は私の造語です。説明は難しいのですが、物理的な命の根源となる〝いのち〟という意味で、この〝いのち〟がしぼんでしまうと、物理的に生きていても元気がなくなり、魚の死んだような目になって、惰性で生きているような状態になります。誤解を恐れずにいえば、今の世の中に多い引きこもりの方々は、この〝命のいのち〟がなんらかの理由で、急激にしぼんでしまった状態だと考えられます。

私は、その〝命のいのち〟が根底にある信仰ならば、対象が観音様でもマリア様でも良いと思うのです。要するに、個人が今世でご縁があった宗教ならば、自分にピタッと合うはずなのです。

クリスチャンの私が、〝ご縁〟という仏教的な言葉を使うことに違和感を抱く方もいらっしゃるでしょう。しかし、〝ご縁〟が一番適切な表現であると思います。祈りの対象が、観音様なのかマリア様なのかという違いは、たとえるなら、着物を着たいか洋服が着たいかなのです。ただし、一度着たら同じものを変わらず着続けることが重要です。観音様なら観音様、マリア様ならマリア様を一生通せればベストです。

ただし、新約聖書によれば、信仰というものは神の側から特定の人間を選んで、一方的に起こることとされています。(ヨハネによる福音書、第十五章十六節)

また、親がすでにある宗教に熱心で、お子さんにもその宗教を強く勧めてきた場合は、状況が大きく異なります。いわゆる宗教二世の方々ですが、このことに関してはどうすれば良い方向に解決できるのか、いまだに私には明確な結論が見えません。

さて、一つの宗教を真剣に信仰していると、その思いが日々蓄積されて、やがては大きなエネルギーとなり、逆境のときにそのエネルギーがきっとあなたを守ってくれることでしょう。ここで、今一度信仰の対象について考えてみると、マリア観音のような対象となるものが必要なのかどうか、という議論にたどり着くと思います。賛否両論あると思いますし、偶像崇拝を極端に嫌う方々もいらっしゃるでしょうが、私は信仰の初心者にとって、なにか祈りの対象となるものは必要ではないかと考えます。

人間は、形あるものに対しては、その像を通して神や仏に対するイメージが膨らみやすいという利点があり、比較的集中して祈れますが、形ないものに対して、いきなり祈れといわれても、かなり難しいのです。

これが祈りではなくて、瞑想なら話は違います。自分の意識の深い部分へと誘導してくれるもの、たとえば蝋燭の炎とか、クリスタル・ボウルのような音が出るものとかが必要なだけで、あとは静かに座れるスペースがあれば十分です。だからこそ、瞑想中心の生活ではなく、祈り中心の生活なら、祈りの対象となるマリア観音のようなものが必要だったのでしょう。

ところで、皆さんは真剣に信仰している宗教がありますか。日本人は、なかなか、表だって周りの人に公言しにくいことですよね。でも、ひそかになにかの宗教を信仰しているなら、今後も、大切にその信仰生活を守ってください。

25章：神に性別は必要なのか？

キリスト教では父なる神に祈りを捧げますが、他の宗教では男性神がいたり、女性神がいたりします。インドのヒンズー教でもギリシャ神話でも、男性神もいれば女性神もいます。

普通に考えると、神様は男性でも女性でもないように思えます。そういえば、仏像には男性でも女性でもない姿で作られたものもありますね。切れ長の優しい慈愛に満ちた目や、ふくよかでやさしい体のイメージです。悟りを開くと男性でも女性でもなく、中性になるのでしょうか。

いいえ、そもそも神に形などあるのでしょうか。

見えないものに対する科学的知識が乏しい古代と違って、科学が発達した現在においては、神のイメージは形のある人格神である必要はなく、無形の宇宙に満ちる神聖エネルギーでも良いのではないかと思うのです。すると、それはエネルギーなのだから、男性でも女性でもありません。

今日の社会は複雑化して、性の多様化によって、男性と女性といった単純な分け方はできなくなり、ＬＧＢＴのように新たな性の多様な分類を考える必要が生じる社会になりました。

性の多様化について、私は次のように考えます。

旧約聖書の創世記によると、神は人を神の似姿としてつくったとあります。ならば、今の世の中のように、単純に男性・女性という二つの性別でくくれない人たちが増えたのは、神の多様化や宇宙の多様化を意味しているのではないかと思うのです。

神は一種類ではなく、各民族に多様な神がおり、また、一つの宇宙ではなく、多様な宇宙があるという考えです。

もしかして、今、宇宙は宇宙のはじまりの状態、混沌とした状態へと戻って行く途中なのかもしれません。

また、現実的な問題として、男性でもなく女性でもない人々が増えると、世界の人口が減っていくのは明らかです。草食男子なる言葉も、テレビなどで良く聞くようになりました。

母なる星地球が養える人口があらかじめ決まっているのなら、ここまで紹介してきた現象は、計算された自然の摂理なのではないでしょうか。

神の性別イメージは時代と共に変遷してきているといえるでしょう。生き残るために、権力者が戦争をして領土を拡大してきたときに必要なのは、厳格なる父のイメージの男性神でした。しかし、世界の平和や人々の心の癒しを求める傾向の強い現在においては、すべてを受け入れてくれる寛大な母なるイメージの女性神を必要とされ、これからはさらに新たなイメージが求められていくのかもしれません。

26章：易経と聖書の共通点

易経という中国由来の思想書と、西洋から日本に入ってきた聖書のどこに共通点があるのか、と疑問に思う方も多いでしょう。

聖書は旧約と新約があり、旧約にはまず創世記に天地創造が書かれています。創世記の第一章三節には「神はその光とやみを分けられた」と書かれています。

では、易経はどうでしょう。

易学においては「はじめに太極あり」といい、太極は陰陽の根源で万物創造の母体となっています。太極図は、もしかしてなにかの機会に皆さんも見たことがあるかもしれません。黒と白の勾玉のようなものが絡み合って、まるで渦を巻いているような、あれが太極です。黒い勾玉はやみをあらわしているように見え、白い勾玉は光をあらわしているように見えます。

現代科学の宇宙観からいうと、旧約聖書の創世記の記述は、宇宙のはじまりのビッグ・バンをあらわしていると考えられ、易学における太極の説明はカオスな原初宇宙をあらわしているように考えられます。

先ほども述べましたが、太極からは陽と陰が分かれるので、陽を光と捉えると陰はやみと捉えることが可能です。もっとも、易占では陰それ自体はやみというネガティブな捉え方ではなく、たとえば、陰の爻が三つ重なると〝地〟をあらわすことになります。逆に陽の爻が三つ重なると〝天〟をあらわすことになります。

どうでしょうか、意外と易経と聖書には共通点があるなと思いませんか。

先ほども述べた、〝天〟をあらわす八卦が〝乾〟ですが、人物でいえば父をあらわし、〝地〟をあらわす八卦が〝坤〟ですが、これは人物でいえば母をあらわします。

キリスト教ではお祈りのときに「天のお父様」と呼びかけ、「天のお母様」とは呼びませ
ん。なぜ神に性別があるのでしょう。新約聖書でさえも、イエス様の周りに登場する人物
は、圧倒的に男性が多く、女性はごくわずかしか登場しません。はるか昔の旧約聖書の時
代は男性中心の社会でしたから、そこで生み出された神の概念が男性神であるのは自然の
流れだったのかもしれません。

キリスト教には洗礼という儀式がありますが、マタイによる福音書では、ヨハネが水に
よる洗礼だけでなく、火による洗礼について言及しています。（マタイによる福音書、第三
章十一節）

そして、易経の六十三番目を見ると、〝水火既成《すいかきせい》〟で、その象意は完成美です。水による
洗礼と聖霊による火の洗礼で完成する、という解釈が成り立つでしょう。いささか強引で
すが、聖書と易経の共通点です。

他にも共通点があります。新約聖書の中でイエス様がたとえ話をよくされます。シンプ
ルな話の中にとても深い哲学的な意味が隠されていることが多いのです。しかし、神父さ

んや牧師さんでさえも、完全に解き明かすのは至難の業です。

易経という書物の中でも、爻辞といって、各爻の意味を詳しく書いてあります。しかし、浅く読めばおみくじ的な解釈になってしまいます。こちらも古い時代に書かれたものなので、いい回しが古く、現代に生きる我々日本人にはピンとこない文章が多いのです。なんどもなんども読み返して、そこに隠されている深い意味をくみ取る必要があります。また、はじめて読まれる方には、お説教されているように感じる方もいるでしょう。

プロテスタント教会の牧師さんのお話もまた、〝説教〟と呼びますね。ここも、易経と聖書の共通点のようです。

説教というと、学生時代に授業中に悪ふざけして先生に大目玉をくらって、お説教された経験のある方もいらっしゃるでしょう。しかし、文字通りに解釈すると、説教とは〝説いて教える〟ですから、むしろ、良い意味の言葉です。素直に文字通りの意味で理解して、牧師さんのありがたい説教を受け入れてみてください。

若い世代の方でしたら、会社の上司や、先輩・親のアドバイスを素直に受け入れた方が得だということです。私は若いころは頑固で、他人の意見を素直に聞く方ではなかったので、今になって後悔することが多いです。目上の人のアドバイスは素直に聞くべきだったと思います。

もちろん、どう考えても理不尽なことをいわれることもあります。ですが、アドバイスの九割は自分の役に立つ内容ではないでしょうか。だから、なるべく素直にアドバイスを受け入れてみましょう。そのような気持ちで明日から自分自身を変えれば、きっと運勢も良い方向へと変わるでしょう。

さて、もう少し細かく易経と聖書の共通点を見ていきましょう。マタイによる福音書、第二章十三～十五節は、幼子イエス様を安全な場所に移すためのエジプト逃避行について書かれています。残虐なヘロデ王の魔の手から逃れるためですが、この行動は易経の〝水《すい》天需《てんじゅ》〟という卦で説明できます。その初爻には次のように書かれています。

水天需《すいてんじゅ》、初爻：郊に需《ま》つ。恒を用うるに利《よろ》し。咎《とが》无《な》し。

もとは漢文ですから、かなり古めかしい表現ですが、現代語に直すと「今は進むべきときではないので、郊外の地で時の至るのを待ちなさい」という意味になります。

どうでしょうか。ヨセフたち聖家族のとった行動が、易経からも正しい選択だったといえるでしょう。これはほんの一例で、旧約聖書を探せばもっと該当する箇所はあると思います。

ちなみに、易経はその時代の政治の実権を握っている者が読めば役に立つ内容となっていて、その時代の為政者の教養書として充分に参考になるものです。

次に、易経の〝山水蒙《さんすいもう》〟という、教育に関する卦と聖書との共通点を見ていきましょう。〝山水蒙《さんすいもう》〟の〝蒙〟は、無知蒙昧な幼児の状態をあらわす言葉で、易経は教育によってその蒙を啓く必要があると説きます。その教育方法には三種類あって、第一段階が幼児や少年・少女に向けた〝訓導〟というものです。これは、先生が生徒に一方的に基本事項を教えるものです。聖書の該当箇所としては、マタイによる福音書、第五〜七章の全部が該当します。いわゆる〝山上の説教〟と呼ばれる部分です。

教育の第二段階は、少年と青年の中間くらいの年齢層に向けた〝教導〟があります。これは、先生の質問に対して生徒が答える双方向授業のようなものです。聖書では、マタイによる福音書、第十六章十三～二十節になります。イエス様の質問に対して、ペトロが信仰を表明する場面です。

第三段階は、青年に向けた〝教授〟となります。ここでは、自発的に生徒が先生に質問します。大学のような雰囲気です。聖書では、マタイによる福音書、第十九章十六～二十二節になります。このとき、イエス様に自発的に質問するのは十二弟子ではありません。一人の金持ちの青年が、永遠の命を得る方法について尋ねています。

最後に、井戸に関するお話です。ヨハネによる福音書、第四章十四節は、イエス様とサマリアの女が井戸で出会う場面ですが、まるで禅問答のような会話となります。はじめは単に普通の水の話から、次第に深い信仰の話へと発展します。イエス様は「私が与える水はその人の内で泉となり、永遠の命に至る水がわき出る」とおっしゃっています。

一方、易経の〝水風井《すいふうせい》〟という卦の五爻の爻辞を読んでみましょう。

五爻：井洌《きよ》くして寒泉食わる。

現代語に直すと、「井戸は清く澄み、冷たい水は人々に喜ばれる」となります。

こちらは普通の水について述べていますが、聖書にしても易経にしても、成立した時代には、水はとても貴重なものだったとわかります。

27章：予言と預言の違い

占いを一種の予言のように理解している方もいらっしゃるでしょうが、私は占いは未来予測であって、予言ではないと思っています。ですから、本の題名を『人生をひらく未来方程式』としたのです。

世の中にはいろいろな予言があり、的中する場合も外れる場合もあります。なかにはとても怖い内容の予言もあり、そのようなものが公表されると、普通の人は怯えてしまいかねません。予言を発信した人物は、世のため人のために公表に踏み切ったのでしょうが、気の弱い人なら、毎日怯えて暮らすことになってしまうでしょう。

一方で〝預言〟という字もあります。こうなると、呼び方は同じなのにだいぶ意味が違ってきます。あくまでも私の解釈ですが、預言となると、神様から預かった言葉ですから、対象者に対する教育的な、そして警告的な側面があるといえるでしょう。

たとえば、旧約聖書における預言は、預言者が権力者に対して、このような腐敗した政治をしていては神様の怒りによって国が滅んでしまうから、悔い改めなさいというメッセージを発したりします。預言者は権力者や一般民衆にとって、耳の痛い話もしなければなりません。そのため、ときに憎まれ命の危険にさらされることもあります。また、預言は未来だけでなく過去についても言及して、過去におこなった権力者の愚かな行為を反省して学び、現在に生かしなさい、と説きます。

ちなみに、旧約聖書後半に登場する預言者は、イザヤ、エレミヤ、エゼキエル、ダニエル、ホセア、ヨエル、アモス、オバデヤ、ヨナ、ミカ、ナホム、ハバクク、ゼパニア、ハガイ、ゼカリヤ、マラキと十六人もいます。私の好きな預言者はこの中にはいません。もっと前の列王記下に登場するエリシャが私は好きです。

彼は、師のエリヤが最後を迎える場面で、次のように師であるエリヤに懇願します。

「どうぞ、あなたの霊の二つ分をわたしに継がせてください」（列王記下第二章九節）

この、霊的に欲張りなところが好きなのです。物質的に欲張りなのは感心しませんが、自分の精神的成長を願う気持ちは、皆様もお持ちではないでしょうか。

〝予言〟と〝預言〟の違いがおわかりいただけたでしょうか。

こうしたことから、予言の場合はかなり個人的な意見が含まれると思います。

一般的に天変地異を〝予言〟したとしても、それが神の怒りだとは解釈しないでしょう。災害が数年後に起きますよと予言しても、それがなぜ起きるのかという神様側からの説明がないからです。

ならば、預言が神様の言葉である証拠はどこにあるのか、という疑問が当然湧いてきます。その時代に生きている人に信じてもらえず、後世になってその預言の正しさが証明されるケースのほうが多いかもしれません。そもそも、本当の預言者なのか偽物なのかを同時代に見極めるのはほぼ不可能でしょう。

理屈の上では、おそらく預言は潜在意識よりさらに深い領域の、超意識や神意識と呼ばれる領域からのメッセージを受け取っていると考えられます。私は以前、旧約聖書の預言者が得る、あのような長い文章の神様からのお言葉は、なにか目の前に巨大な霊的スクリーンのようなものが出現して、そこに書かれている文字を読み取っているのかないかと想像していましたが、むしろ、エドガー・ケイシーのように半分眠ったような状態で、超意識や神意識からのメッセージを心の耳で聞き取り、覚醒してから文字としてしっかり記録したのだと思うようになりました。あるいは、日本における預言者的な方の例ですと、紙と筆を用意して神がかり状態となり、勝手に筆が文字を書いていく自動書記のような現象だったのかもしれません。

いずれにしても、私の易占はあくまでも未来方程式なので百パーセント当たるものではありませんが、逆に百パーセント外れるものでもないのです。そのようなことが未来で起きる確率が高いですよ、という情報を提供するだけです。その情報を入手した人たちが上手に日常生活に活用して、少しでも幸せになってくれれば、易占をやっている価値が少しだけあると考えている次第です。

28章：物質化現象を考察する

物質化現象という言葉を聞いたことがありますか？　何もないと考えられる空間から物質が突然出現する現象のことです。

私は三十代前半のときに、当時話題になっていた聖者サイババの巡礼ツアーに参加して、サイババのアシュラムに滞在していましたが、オプションツアーでサイババ関連の孤児院を訪問しました。

この孤児院では、ツアー参加者一同の前に一つのティーカップが回されました。

このティーカップの中にはサイババの顔が描いてあるペンダントヘッドが入っており、アムリタという甘い蜜の底に沈んでいました。ツアー参加者は輪になって座り、順番に回ってくるカップを受け取ります。私の番になって目の前のティーカップを手に取り、スプーンでアムリタをすくって、匂いを嗅いでみたところ、ジャスミンのような品のある匂いがしました。次に、おそるおそるその蜜を口に入れたのですが、やさしい甘さで、おいしかったことを記憶しています。

驚いたことに、一周して元の孤児院の院長の手元にティーカップが戻ったときには、中身は元の量に戻っていたのです。つまり、ティーカップの中でアムリタという甘い蜜は増え続けていたということです。

日本に帰ってから、この現象についていろいろと考えてみましたが、これは聖書の中のイエス様が起こした奇跡の話に、かなり似ているなと思いました。クリスチャンでない方や、聖書を一度も読んだことがない方もいらっしゃるでしょうから、少し紹介しましょう。出典はマタイによる福音書十四章十三～二十一節です。

五千人もの群衆に対して、イエス様がパン五つと魚二匹を持って、天を仰いで賛美の祈りを唱え、パンを裂いて弟子たちにお与えになるのですが、すべての人が食べて満腹になるだけでなく、残ったパンの屑を集めると、十二の籠にいっぱいになるというお話です。

このお話の解釈は、神父さんや牧師さんによってさまざまあり、信仰の先輩に聞いても、あまり核心を突いた答えが得られません。

たとえば、次のような解釈があります。

群衆の中の正直な少年が、家から持ってきた少しばかりの食料をイエス様の弟子に差し出します。すると、沈黙していた大人たちも我も我もと、家から持ってきた食料を差し出し、それを五千人分に均等に割り振りして、皆が仲良く食べて満腹になった。めでたし、めでたし、というわけです。

なるほど、道徳的にはよくできた話です。ですが、聖書ははたして道徳の教科書なのでしょうか。救世主イエス様のまぎれもない奇跡を事実として正確に記録したからこそ、聖書と呼ばれるのではないでしょうか。

私の解釈は、前述の道徳的な解釈とは大いに違います。南インドでのサイババの孤児院での奇跡体験から、これはイエス様が起こした物質化現象であると確信しています。五千人分の食料を物質化するとなると、とんでもないエネルギーを必要としたことでしょう。

実は、現代の最新物理学の宇宙論によると、この宇宙のエネルギー密度は、九十五パーセントが未知のもの、ダークマター（暗黒物質）やダークエネルギー（暗黒エネルギー）と呼ばれる正体不明のもので占められています。内訳は、ダークマターが二十六パーセント、ダークエネルギーが六十九パーセントです。約七割が正体不明のエネルギーで占められているということです。

ネーミングが〝ダーク〇〇〟なので、あまり良いイメージではないかもしれませんが、サイババやイエス様が物質化現象を起こす際のエネルギーは、おそらく、この人類にとって未知のエネルギーを使っているのではないでしょうか。

もしそうだとしたら、いつの日にか我々の科学が進歩して、この未知のエネルギーを解明し、私たちの生活に活用できる日がくるかもしれません。

29章：日本のこれからを占う

〝日本のこれからを占う〟と題して、執筆時点で未来のことを占った占断例を集めました。予定よりも執筆が大幅に遅れたため、すでに結果がわかっている占断もありますが、未来のこととして占断しているそのまま、当時の文章を載せることにしました。

まずは、執筆当時、なんでもかんでも値上げラッシュで庶民の生活が苦しくなるばかりだったために、生活に直結するテーマから占っています。

問57：日本の物価高は六か月後には少し改善されていますか？

（令和四年六月七日、成り行き占）

答え：本卦は水山蹇《すいざんけん》の三爻変です。変卦すると水地比《すいちひ》となります。本卦より八方塞がりで、六か月後も物価高は改善していない様子です。変卦は人の和が大切と教えてくれていて、一般市民は物価高にも耐え、皆で工夫して節約したり、安いスーパーの情報を共有したりとなんとか家計のやりくりをしていそうです。本卦の顚倒卦《てんとうか》が雷水解《らいすいかい》なので、三爻変から三か月後の九月上旬ごろに政府側からなんらかの解決策が実施されるのかもしれません。

結果は、九月上旬ではなく下旬の二十二日に、政府・日銀が物価高の要因となっている円安ドル高を止めるために、東京外国為替市場でドルを売って円を買う〝為替介入〟を実施しました。ですが、専門家の見方はその効果は限定的であろうとのことでした。

現在もまだ、さまざまな商品が値上がりして、国民の生活は困窮するばかりです。

次は、当時やたら頻繁にミサイルを日本海域に撃ってきていた北朝鮮についてです。

問58：三年以内に、北朝鮮が日本本土にミサイルを撃ち込んでくる可能性はありますか？

（令和四年六月七日、成り行き占）

答え：本卦は地沢臨《ちたくりん》の三爻変ですので、変卦は地天泰《ちてんたい》となります。地沢臨《ちたくりん》そのままの象意ですとなんのことかわかりにくいので、陽爻二つの上に陰爻四つが載っている形と解釈すると、陰爻四つが北海道・本州・四国・九州ととらえることができ、陽爻二つがアメリカの軍事力で、日本がアメリカの軍事力に支えられている形をあらわしています。また、地《ち》沢臨《たくりん》は初爻・二爻が陽爻、三爻・四爻が陰爻、五爻・上爻が陰爻なので、大卦といって、二つの爻をそれぞれ一つの爻として別に八卦を作ると〝震（雷）〟となり、その象意は天象から雷鳴や稲妻となり、品物からは大砲や火薬類となりますから、まさに北朝鮮から発射されるミサイルが雷鳴をとどろかせて、稲妻のごとく日本海域に落下する様子をあらわしています。また、変卦が地天泰《ちてんたい》なので、和合・泰平をあらわしていますから、三爻変より三年以内に北朝鮮も少し軟化した態度に変わるのでしょう。

だいぶ、希望的観測ですが、これ以上お隣の国と緊張状態は避けたいものです。現在にいたるまで、日本本土にミサイルを撃ち込むという暴挙は、さすがに起きていません。

もう一つ、後から加筆した日本に関するテーマがあります。

問59：今後、三年以内に日本で消費税が増税されることがありますか？

（令和四年十一月二十八日、成り行き占）

答え：本卦は震為雷《しんいらい》の三爻変で、変卦すると雷火豊《らいかほう》となります。三爻変から、三年後になにか変化があるかも、と考えられます。しかも、震為雷《しんいらい》なので、驚くような政策がある暗示です。変卦は、雷火豊《らいかほう》の〝豊かさ〟を素直に受け取ってよいのか、という問題がありま す。念のため約象互卦《やくしょうごか》をつくってみると、水山蹇《すいざんけん》となります。政府としては財政負担を軽くするために、増税したいのが本音ですが、国民に気兼ねしてためらいがあり、実施したくてもできない様子をあらわしています。多分、三年以内の増税はないのですが、それに代わる驚くような財政政策があるかもしれません。

さて、結果的に、その驚くような政策が出ました。令和四年十二月末に、防衛費増大のために、日本政府はその財源を増税に求めたのです。今のところすぐに消費税増税には結びつきませんが、やがて数年後に消費税も増税するかもしれません。

次章では、いよいよ世界のこれからを占ってみたいと思います。

30章：世界のこれからを占う

前章と同様、結果がすでに出ているものもありますが、そのまま当時の占断結果を載せることにします。

まずはロシアのウクライナ侵攻についてです。占った日はロシアの戦勝記念日でした（令和四年五月九日）。まだこの時期には、戦争の専門家の方々も、戦争の行く末については明確に予測できていない時期でした。

問60：ロシアのウクライナ侵攻は、夏までには終わり、ロシアとウクライナは和解しますか？

（令和四年四月二日、成り行き占）

答え：本卦は雷水解《らいすいかい》の四爻変で、変卦は地水師《ちすいし》と出ました。本卦は解決するという観方が一般的ですが、変卦が地水師《ちすいし》という戦いを意味する象意なので、本卦は単なる解決ではすまないでしょう。むしろ、この〝解〟は分解の解で、ウクライナの国土が一部分、ロシアの国土として併合されてしまう、その結果、もともとのウクライナの国土は分解されてしまうと解釈すべきでしょう。もしかしたら、旧ユーゴスラビアのように、ウクライナがいくつかの小さな国に分かれる可能性も示唆しています。四爻変ですから、四か月後の八月上旬に終結すると観るのが普通です。

また、特殊テクニックで紹介したように、顚倒法《てんとうほう》を使いますと、本卦が雷水解《らいすいかい》ですので、顚倒卦は水山蹇《すいざんけん》となり、行き悩むという象意から、ロシア側が当初考えていたよりもウクライナ側の抵抗・反撃が激しく、なかなか進軍できないという戦況をあらわしています。

さらに、変卦の地水師から、仮に終結宣言が出てなんらかの形で両国が調印しても、その後も戦いは長く続き、辺境での小さな衝突は今後も絶えないでしょう。しかも、四爻変を四年後に戦争が終結するという解釈も可能なことから、戦争の長期化も懸念されます。
今回の占い結果はあまり良いものとはいえません。この占い結果が当たらないことを祈るだけです。
結果、令和四年十月四日にロシア上院がドネツク・ルハンスク・ザポリージャ・ヘルソンの四州を強制併合する法案を可決させました。まさに、ウクライナの国土がロシアの国土として、分解・併合されるという、私の占断通りの結果です。令和五年一月になると戦闘はさらに激化し、むしろロシア側は戦力を増強して長期戦に備える構えをみせました。こちらも変卦の地水師の示す通りです。また、令和五年三月になっても、両国が終戦へと向かうプロセスはいまだに不透明です。

では、もう一つ、世界的な関心事を占っているので見ていきましょう。

問61：来年、世界でコロナ感染症が収束して、日常生活が元に戻りますか？

（令和三年十二月五日、成り行き占）

答え：令和三年の占筮《せんぜい》で〝来年どうなりますか？〟という問いかけになっています。本卦が雷天大壮《らいてんたいそう》の五爻変で、変卦は沢天夬《たくてんかい》となりました。本卦の雷天大壮《らいてんたいそう》は上に陰爻が二つあり、下に陽爻が四つある形です。下の陽爻の方が上の陰爻よりも数が多くて、勢いがあります。陽爻が下から上の陰爻を突き上げていくイメージです。陰気なコロナ感染症を忘れて、陽気に騒いでいる人々があふれている状態とも解釈できます。

どんなに国が行動制限をかけても、いつまでも国民は耐えられるものではありません。変卦の象意からも、厳しく国民を締め付けるほど決壊しやすいでしょう。この〝夬〟は、決裂を意味します。するとどうなるでしょう。締め付けが厳しく、行動が制限されていた人々の反動は激しいものです。

実際、令和四年になって、中国では十月下旬から十一月下旬にかけて、各地で抗議デモが起きていることがわかっています。また、令和四年十二月末には、ついに中国政府はゼロコロナ政策を転換しました。

このテーマは特定の国に対して占ったものではないのですが、結果を見ると、中国の状況を色濃く反映しているといえます。

さて、五爻変からは五か月後の五月ごろに変化があると解釈できますが、五年後の令和八年ごろにコロナ感染症が収束するとも解釈できます。もしそうだとすると、収束まで予想以上に長いですね。当分マスクが離せない生活が続くのでしょうか。こちらも悪い予測になってしまいました。

日本では、政府が五月八日から新型コロナの感染法上の位置づけを五類に引き下げるという方針を発表しました。つまり、五爻変は令和五年五月に五類になるという意味だった、とも解釈できます。

問62：ロシアはウクライナに対して、今後、核兵器（規模が小さい戦術核兵器も含む）を使用することがありますか？

（令和四年十一月二十八日、成り行き占）

答え：本卦は風水渙《ふうすいかん》の四爻変で、変卦すると天水訟《てんすいしょう》となります。本卦はいったいなにを〝散らす〟というのでしょうか。もし、本当に核兵器を使用するのであれば、戦術的な小規模のものを威嚇のために、無人の土地を狙って使用することが考えられ、その結果、たとえ被害が最小限で済んでも国際的な非難を浴びるでしょう。変卦の天水訟《てんすいしょう》から、国際的な裁判になるかもしれません。

あるいは、本卦の意味がプーチン政権と民意とが離れていくことを示しているのなら、その結果、変卦の天水訟《てんすいしょう》から、ロシア国内で現政権の支持派と反対派による争いが激しくなるとも解釈できます。どちらかといえば、後者のシナリオのほうがまだましでしょうか。

以上が、日本・世界の政治・経済の未来を占う試みでした。

この本で紹介している易占の方法は、どちらかというと細かい個人的内容に関する占題よりも、大局的な世界情勢に関する占題の方が適しているといえるでしょう。

31章：地球のこれからを占う

この本の執筆をはじめたころは、地球のこれからを占うなんて考えてもいませんでした。しかし、ＳＤＧｓ（Sustainable Development Goals：持続可能な開発目標）が叫ばれている今、やはり易占家としてこのテーマに取り組むべきだと考え直しました。

問63：今から五年後、地球の（世界の）平均気温が一・五度以上高くなることはありますか？

（令和五年一月八日、成り行き占）

答え：一・五度という数字は、温暖化対策に向けた国際的な枠組みの「パリ協定」が目標に想定している気温上昇の閾値です。

本卦は雷風恒《らいふうこう》の二爻変でした。変卦すると雷山小過《らいさんしょうか》となります。この場合、まず変卦から観たほうがわかりやすいですね。二つの解釈が成り立ちます。一つは少しだけ過ぎる、つまり一・五度までは上がらないが、少しだけ気温が上がる。もう一つは、過ぎることが少しだけある、つまり一・五度よりさらに少し気温が上がる、という解釈です。二つとも、今後気温が上がるという点では共通しています。どちらの結果になるのでしょうか。

次に、本卦は何を意味しているのか、ですが、こちらも二つの解釈が成り立つと考えられます。一つは〝恒〟から変化のない生活を意味して、今後すぐに平均気温は上昇しないという解釈です。もう一つは、今まで通りに平均気温が恒に上がり続けるという解釈です。同じ〝恒〟の解釈でも、結果は正反対です。

こんなときは専門家の意見を参考にしてみましょう。易占のみで判断すると誤占を生みやすく、独断と偏見によってどんどん誤った解釈へと進みがちです。易占は超能力ではないので、あくまでも、占題に関する専門的知識の上に立って総合的に判断すべきです。

ＷＭＯ（世界気象機関）は、二〇二二年五月九日に「今後五年間のうちの少なくとも一年間、世界の平均気温が一時的に一・五度上昇する可能性がある」と警鐘を鳴らしました。

もし一・五度以上平均気温が上昇すると、陸地では山火事が増えたり、砂漠化が進んだりしますし、海洋では漁業への深刻な影響があるでしょう。他にも、南極の氷が今以上に溶け出して、小さな島国などでは海に沈む陸地面積が多くなり、その国自体の存亡にかかわる大変な事態となります。

世界の主要な国々や、さまざまな温暖化対策に取り組むグループに、これからもしっかりと対策を練っていただき、私も含めた地球に住むすべての人の環境への問題意識を高めることが重要です。

では、もう一つだけ、地球の環境に関する易占を紹介します。

問64：今後五年以内で、世界の海のプラスチックごみは減らせますか？

（令和五年一月十日、成り行き占）

答え：プラスチックごみの正確な統計はないらしいのですが、毎年おびただしい量が海に流失していると推計されています。そこで、今後五年以内に国際的な取り組みが活発になって少しは減らせるのかと占ってみました。

本卦は山水蒙《さんすいもう》の三爻変ですから、変卦は山風蠱《さんぷうこ》となりました。本卦の〝蒙〟ですが、プラスチックごみが藻で覆いつくされ、海底深く沈んでいる様子をあらわしています。これが時間的に現在の状況なのか、未来の状況なのか、この段階でははっきりしません。変卦の象意は一般的に腐敗と混乱を意味しますから、この占題に沿って解釈すると、本卦は現在の状況で、このままなんの対策も立てずにいると、変卦で示す最悪の状況となるでしょう。ですから、国や関係機関が海辺や海底のプラスチックごみを徹底的に回収し、再生すべきです。

ちなみに、日本では令和四年四月一日より、プラスチック資源循環促進法が施行されました。今後は、マイクロプラスチックを摂取した魚介類の救済方法、さらにはその魚介類を食べて健康被害にあわれた方を救済する、新しい医療の確立などに積極的に取り組んでいくべきと考えます。

さて、ここまでの二つの易占例は、地球規模での話と考えて、別枠で扱いました。我々一人ひとりが宇宙船地球号の乗組員であると強く意識して、この宇宙船が難破する前にきちんと手を打っておくべきでしょう。

易占は、このようなグローバルなテーマについて取り組んでいく時代になったと考えています。

別章１：鏡の中の自分

この章は、ここまでのエッセイとは少し趣を異にする内容です。

皆さんは、朝起きたら洗面所へ行き、鏡を見ながら髭を剃ったり髪型を整えたりしますよね。私も毎日のルーティンとしていますが、ずっと鏡を見ながら手を動かしていると、不思議な気持ちになります。鏡に映っている自分が、鏡から急に飛び出してきそうな感覚になるのです。逆に、自分の体から自分の魂がすーっと抜け出してしまいそうな感覚もあります。

怖くなってきてそれ以上鏡を見るのをやめにしますが、やはり、体が自分そのものではなくて、体は単なる着物のようなもので、本当の自分自身は別にあり、体から自分自身が離れていくような、幽体離脱の一歩手前のような体験をしているのかと思えてくるようなのです。

鏡が発明される前の人類はどんな生活を送っていたのだろうかと、ふと思うことがあります。そのころの人間は、生涯一度も自分の顔を見ずに死んでいくわけです。人相を占う占い師がタイムスリップしてその時代にいったとしたら、他人の人相は観れても自分の人相は観れないということになります。これでは、占い師も不安になることでしょう。

でも、長所もあります。自分の顔がわからないということは、日ごろ、自分の顔に劣等感を感じている人も、その時代にタイムスリップすればなにも気にしなくてすむからです。もっとも、意地の悪い人たちから陰で悪くいわれることはあるでしょうが、イケメンや美人という観念もなくなるでしょう。

短所は、自分の顔がわからないと、怒っている時間が長いのか、笑っている時間が長いのか、客観的に自分を評価できなくなることです。

でも、現代において動物はそうやって生きているわけです。人間が動物と違うのは、他人の顔色を窺う行為をするかどうかです。ペットの犬や猫がご主人様の顔色を窺うのは一緒に遊んでほしいからで、人間の場合とは理由が全然違います。人間はその行為のために、いいたいこともいえなくなる場合があります。

いっそのこと、鏡の中の自分と入れ替われるなら、どんなに楽でしょう。ただし、必ずこの世界に帰れる、戻れるという条件付きで……。


話を元に戻しましょう。

自分自身が体ではないとすると、自分自身である自分の本体はどこに存在しているのでしょうか。これは、突き詰めると死んだらどこへ行くか、という究極のテーマになっていきます。

死後の世界があるのかないのか、という議論から、輪廻転生はあるのか、過去世はあるのかというテーマにつながっていきます。皆さんの中には瞑想の達人もいらっしゃって、このテーマについてなにかしらの結論に到達している方もいるかもしれません。

易占は単なる占いではなく、長い歴史を持つ中国の思想書である易経から生まれており、このようなテーマも考えることがあるのです。

私は、人間の一生のうちに溜まるであろう魂の汚れは、ものすごい量になると考えています。川の流れを想像してみると、上流から下流へ行くほどに川の水は汚れていきます。途中にある石や木片などで流れが遮られて、ゴミも浮かんでいるかもしれません。人生もこれと同じです。家庭や職場でストレスの溜まる出来事があったりしてなんの対策も練らないと、負の感情を抱えたまま人生を進んでいくことになってしまいます。

一度、なんらかの方法でリセットしない限り、どんどん魂は汚れていくのです。逆に、人生で出会う試練を、自分を磨く良い機会ととらえて、ゴシゴシと黒く淀んだ魂を磨き上げ、きれいにするプラス思考の方もいらっしゃるでしょう。人生の最後に、魂の純度の違いがはっきり出ることになります。


人間は何度も輪廻転生を繰り返すという考え方もあります。

もし、その考え方が正しいのなら、人はいったい何回生まれ変わればこの輪廻から抜け出せるのでしょう。五回でしょうか、十回でしょうか。輪廻から卒業するころには、人として完璧になって、最後の生では人生で誰一人傷つけることなく、いつもニコニコと笑って一生を終えられるのでしょうか。

それとも、輪廻から卒業すると、夜空に輝く星になるのでしょうか。

ロマンチックな空想に聞こえるかもしれませんが、私は星にも意識はあると考えています。母なる星、地球にも意識があります。そうだとしたら、地球が嫌がることを我々人類はすべきではないでしょう。科学を発展させつつ、自然を破壊せずに、いかに調和して暮らしていけるかというのはこれからの大きな課題です。地球に意識があるのなら、同じことを希望されているのではと思うのです。

私たちが日々、環境破壊につながるような行動をできるだけ控え、そのような意識を持ち続けて暮らしていければ、鏡の中の自分は厳しい現実世界に生きている私に対して、優しく微笑んでくれるのではないでしょうか。

別章2：異言現象

さて、新約聖書には、信徒が祈っているときに、外国語のようになってしまうことが書かれています（使徒言行録、第二章一節〜四節）。これを〝異言〟と呼びます。

この不思議な現象が私にも出現した時期がありました。

最初の現象は、祈っているときに発せられる、言葉にならない呻きのようなものでした。それが次第にはっきりとした言葉となり、やがて文章として長く連なっていきました。それがどうも、聞きなれない外国語のようなのです。自分の心の中のお祈りの言葉とはまったく違う単語が、勝手に私の口から出てきます。

気味が悪いので強制的に終了させましたが、いつ、この異言現象が出現するかはわかりませんでした。そのため、公の場で集団で祈るような機会には、なるべく異言が出ないようにセーブして祈ることが必要でした。祈りが熱を帯びて長くなればなるほど、異言が出現する確率が高くなることがわかったからです。

この現象について、当時、自分の周りにいた信仰の先輩方に相談しましたが、満足する回答は得られませんでした。諦めかけていたころに、たまたま、所属する教会に遠方から来ていた別の教会の牧師先生に、私の祈りのテープを聞いてもらうことができました。

その方に、「これは異言です。しかし、あなたは異言で祈れる自分に酔っているところがある。これからは、異言ではなく預言を賜りますようにと、日本語で祈りなさい」と、実に適切なアドバイスをいただきました。それで、ようやく、この現象に悩むことがなくなりました。

異言は毎回同じではなく、あるときはポルトガル語やスペイン語のように聞こえ、またあるときはロシア語に聞こえたりしました。しかも、同じように聞こえる単語でも語尾変化しているようで、文法まできちんと存在しているかのようなのです。

きっと、私以外にも世の中の多数のクリスチャンは、異言の祈りを経験されているのではないかと思います。

異言で祈っているときは、いつ終わるともなく次々と言葉が出てくるので、ずっと付き合っていると体力が持ちません。きりの良いところで強制終了する必要があります。

また、祈っているあいだに恍惚とすることもあり、あまりその感覚に酔いしれていると危険です。そういう意味でも、適当なところで強制終了していました。

別章3：瞑想・写経習慣の勧め

この本の読者は、おそらく精神世界に関心が深いことと思います。自分なりの瞑想法を確立されている方もいらっしゃるでしょう。まだ瞑想の習慣がない方は、ぜひ、日々の生活のルーティンに瞑想を習慣として取り入れてみてほしいと思います。

私は、朝起きたら、だいたい十五～二十分くらいの短い時間ですが、必ず瞑想を実践しています。方法は自分で考案したものではないので、ここで紹介することは控えます。方法はご自分にあったものを選ぶと良いでしょう。

瞑想法のことについて書いてある本を探したり、あるいは瞑想法を教えてくれるワークショップなどに参加されるのも良いと思います。

肝心なことは、どんなに忙しい日々を過ごしていても、必ず一日一回実践することです。一年三百六十五日、休まずに継続することがなによりも大切です。最初はなんの効果も感じられないかもしれませんが、二週間くらい継続すれば、変化に気がつくでしょう。たとえば、職場で嫌なことがあってもそんなに腹が立たなくなっているとか……。

なによりも、瞑想をおこなうと呼吸が深くなるので、自分のまわりで流れる時間がゆったりと感じられるようになります。呼吸が深いということは、自分の中で流れる体内時計がゆっくり進んでいる感覚になりますから、なんだか得した気分になれます。

現代は、私が子供のころに比べてなんでもかんでもスピードが速くなって、テレビのCMも短い時間にできるだけ多くの情報を詰め込もうとするし、歌の世界でも非常にテンポの速い曲が主流で、歌詞も多くて覚えきれないほどです。ものすごいスピードで息つく暇もなく、最後まで一気に歌い切ります。私のように初老に差し掛かってきた人間にはついていけません。歌詞の意味を理解する暇もないのです。

このような現代にあって、毎朝の瞑想はほんのひととき、自分をリフレッシュさせてくれる砂漠のオアシスのようなものです。

瞑想はやはり、早朝の静かな時間帯におこなうのがいいですね。まだ、世の中が本格的に活動をはじめていない時間帯です。その静寂の中でこそ、自分の内面を見つめることに集中できます。もちろん、一日二回、朝と夕方とできる方はもっと良いでしょう。ただ、現役世代で仕事が忙しい方が、夕方にも瞑想のための時間を確保するのは厳しいのではないかと推測します。ですから、せめて朝だけでも、いつもより十五～二十分だけ早く起きて、瞑想にチャレンジしてみてください。きっと、あなたの人生が変わっていくのを実感されると思います。

最初は、一回や二回、忘れてしまうこともあるでしょう。思い出したら、また続ければいいのです。なによりも、健康に良いと思います。呼吸が深くなるということは、それだけ寿命が延びるということでもあるからです。いろいろな病気の予防にもなるでしょう。

ぜひ、あなたなりの瞑想ライフを確立してください。

なお、どうしても雑念が多くて瞑想中も心が静まらないという方は、お香を焚いてみると良いと思います。お香を焚いて部屋が浄まると、深い意識に入りやすくなります。

瞑想を継続されている方が増えれば、世の中の犯罪も減るでしょう。

瞑想に関して、宗教臭いとか、変な迷信のようだという誤解が世の中にあるのは嘆かわしいことです。瞑想を習慣としている方でも、まわりの人に自分は瞑想の習慣があるのだと自分から公言される方は少ないでしょう。知られていなくても、意外に瞑想を習慣化されている日本人は多いかもしれません。

ぜひ、明日から、いや今日から実践してみてください。

朝早く起きるのは苦手とか、瞑想はなんとなく宗教くさいし、オカルトっぽいから嫌だという方にお勧めなのが写経です。写経といっても仏教の経典を写すことではありません。易経の日本語訳をノートに書き写す作業です。

漢文が読める方は、原文のまま漢字を写していくのもよいでしょう。〝凶〟という文字よりは、〝吉〟という文字の方が多く出てくるので、少し気分が良くなりますよ。

また〝咎无《とがな》し〟という言葉も多く出てきます。そんなに悪くない運勢だよ、という意味合いで使われていて、吉と咎无しを合わせると、かなり頻回に出てきます。どちらかといえば、政治家の方が読むような内容が多いのですが、人生の教訓としてしみじみと良い内容となっていますから、易経を写しながら深い意味を感じ取ってください。全部を写すには相当時間がかかるので、はじめのころは一日一卦、六爻辞分を写すくらいのペースで良いでしょう。

六十四卦、三百八十四爻辞すべての文章を写し終えたときには、かなりの達成感があります。なによりも、易経の世界観が頭の中に構築できることでしょう。すると、仕事や家庭に向かう心構えも違ってきます。興味はあるけれど自分で占うのが面倒くさいという方は、易経の写経習慣を身につけるだけでも、きっと運勢が良い方向へ変わっていくと思います。

写経の方もぜひ、実践してみてください。

あとがき：易占に興味を持たれた方へ

ここまで読んでくださって感謝、感謝です。

実は私は、易占は本業ではなく、洒落ではないのですが〝占いは売らない〟というポリシーを貫いています。あの高島呑象《たかしまどんしょう》先生ですらも、本業が別にあって占いをビジネスとしてはやっていなかったからでもあります。

ですから、易占に興味を持たれた方は、書店で入門書を購入するなどして学び、この本の6章、7章を参考に、自分で占断してみてください。

もちろん、易占で百パーセント自分の未来を知ることはできません。なにかが起こった後で、占い結果の真の意味がわかることが多いのも事実です。それでも、自分の行動の良し悪しを一つひとつ立ち止まって確かめる習慣が身に着くのは、易占を続けるメリットだと思います。

また、易経に興味を持たれた方は、易経の日本語訳がついている本を購入して読んでみてください。個人的には、易経も聖書のように日本でもっと親しまれ、読まれて欲しいと思います。聖書はクリスチャン人口が少ない日本においても、隠れたベストセラーです。聖書なみに易経が読まれるようになれば、いかに人生に有益だろうかと思うのです。

また、本書は、基本的には易占に触れたことのない方を対象に書いています。ですが、もしかしたら、ベテランの易者さんが手に取って読まれるかもしれません。そんな方にとっては、この本の内容が物足りないなと感じたり、あるいは、この説明はあきらかに間違っている、と強く指摘したくなる箇所もあることでしょうが、私の浅学のゆえ、ご容赦願いたく思います。あくまでも、一般向けの易占例を含むエッセイ集です。

易占は、古代中国において伏羲《ふぎ》が河図の図（黄河の治水工事中に出現した「龍馬」（顔が龍のようで体が馬に似た伝説上の生き物）の背中の旋毛を見て、易の原理である数の配列を霊感的に読み取り、図示したもの）・八卦・先天図（可図の図に八卦を配したもの）をつくったことで起こり、その後、かなり時代が経過してから、周王朝時代に文王が後天図

（洛河の治水工事中に出現した「神亀」の背中についていたイボ状の突起物を見て夏王朝の禹王《うおう》がつくった「洛書」に八卦を配したもの）を作成して、最終的に周公が周易を完成させたといわれています。

このように、長い歴史を経て編み出された易占というすばらしい技術を後世に残してくれた先人たちに感謝して、この本の締めくくりの言葉としたいと思います。

未来は変えられるものではなく、選択するものです。

人生の節目ではなんらかの選択に迫られることがあります。学生なら卒業後の進路で、内定を複数社からもらったとき、仮に自分の意志でA社を選んだとします。その時点で、実はその後起きる数々の人生のストーリーがすでに決まっているのです。A社入社後のストーリーは、A1→A2→……→Anというふうに、あらかじめ決まっています。もしB社を選んだとしたら、同様に、B1→B2→……→Bnとなり、B1からBnまでのストーリーが決まります。結婚や子育てなどの人生の節目で、同じようなことが起こってくるのです。ですから、未来は自由意志で選んでいるともいえるし、あらかじめ決まっているともいえるのです。これが現在の私の到達している仮説です。

今後も易者として研鑽を積んで、いつの日か、運命や未来に対する、万人が納得する結論を導きたいと思っています。

今後、私たちの住むこの世界はより複雑になって、日々、頭を悩ますことが多くなると思います。どうか、この本で紹介した易占を上手に活用されて、幸せな毎日を送ってください。

この本を最後まで真剣に読んで下さったすべての皆様の上に、恵みのシャワーが降り注ぐことを祈って。

令和五年四月二十五日　易学鑑定士　吉田随貞

参考文献

『易占への近道（易学象占）天の巻』観象学人著（東京易占学院出版局）
『易占への近道（易学象占）地の巻』観象学人著（東京易占学院出版局）
『現代易占詳解』鹿島秀峰著（高島易断本部神宮館）
『易経　中国の思想（Ⅶ）』松枝茂夫、竹内好監修　丸山松幸訳（徳間書店）
『聖書　引照つき』（日本聖書協会）
『アガスティアの葉とサイババの奇蹟　意識改革が人類を救う！』深野一幸著（徳間書店）
『不食という生き方』秋山佳胤著（幻冬舎）
『心地よさの発見「健康の豊かさ」にもランクがあった』高橋和巳著（三五館）
『聖母マリアの謎』石井美樹子著（白水社）
『新約　超越瞑想入門　存在の科学と生きる技術』マハリシ・マヘーシュ・ヨーギー著　マハリシ総合研究所監訳（読売新聞社）
『ラビ・ナフマンの瞑想のすすめ』ラビ・ナフマン、ラビ・ナタン著　可合一充訳（ミルトス）

参考文献

『なぜ宇宙は存在するのか　はじめての現代宇宙論』野村泰紀著（講談社）
『時間はどこから来て、なぜ流れるのか？』吉田信夫著（講談社）

※7章の問28・30・31・32・33・35・36・40・42・43・44・46・48・49・51・53・54・55の十八か所に登場する爻辞はすべて『易経　中国の思想（Ⅶ）』より引用した。

〈著者プロフィール〉

吉田　随貞（よしだ　ずいてい）

茨城県生まれ。

平成７年、理学療法士の資格を取得。その後、小児施設、一般病院、整形外科クリニックなどでリハビリテーションの仕事に従事する。専門は、脳卒中や脳性麻痺で生じた異常な筋緊張の軽減に効果のある特殊技術のセラピストである。

平成16年、高島易観象学会より易学鑑定士の資格を取得。誰にでもわかるやさしい易占の普及を目指し、本書を執筆する。

現在は、歴史小説にも意欲的に取り組んでいる。

人生をひらく未来方程式

2023年７月25日　初版第１刷発行

著　者　吉田 随貞
発行者　韮澤 潤一郎
発行所　株式会社 たま出版
〒160-0004　東京都新宿区四谷4－28－20
☎ 03-5369-3051（代表）
FAX 03-5369-3052
http://tamabook.com
振替　00130-5-94804
組　版　マーリンクレイン
印刷所　株式会社エーヴィスシステムズ

ISBN978-4-8127-0470-7 C0011